增长新前沿

埃森哲中国 编

上海交通大学出版社
SHANGHAI JIAO TONG UNIVERSITY PRESS

内容提要

无论企业对增长的定义是一个目标、一段旅程，还是一个新的起点，都应该立足增长新前沿，利用前沿技术在新兴产业打造高质、包容性的增长，实现基业长青。

本书可供企业管理人员参考、阅读。

图书在版编目 (CIP) 数据

增长新前沿 / 埃森哲中国编. —— 上海: 上海交通大学出版社, 2024.5

("埃森哲中国"丛书)

ISBN 978-7-313-30744-6

I. ①增… II. ①埃… III. ① 企业发展—研究—中国

IV. ①F279.23

中国国家版本馆CIP数据核字 (2024) 第096384号

增长新前沿
ZENGZHANG XIN QIANYAN

编　　者: 埃森哲中国		地　　址: 上海市番禺路951号	
出版发行: 上海交通大学出版社		电　　话: 021-64071208	
邮政编码: 200030			
印　　制: 上海锦佳印刷有限公司		经　　销: 全国新华书店	
开　　本: 787mm×1092mm 1/16		印　　张: 5.75	
字　　数: 134千字			
版　　次: 2024年5月第1版		印　　次: 2024年5月第1次印刷	
书　　号: ISBN 978-7-313-30744-6			
定　　价: 50.00元			

畅享数字化"悦"读体验，即刻扫码阅读全新《展望》

回归本质，重塑增长

中国2024年第一季度GDP增长达到5.3%，超出了各方面的预期，包括埃森哲战略咨询的全球经济预测。温和的复苏增长给企业和各界注入了信心，我们从未像过去两年一样如此渴望增长，同时，企业高管也在重新思考增长。如何实现基业长青是企业发展永恒的命题，对于企业来说，无论面对多么错综复杂的环境，增长是本质问题。那么未来的增长机会在哪？如何实现增长？

埃森哲一项调研发现，93%的中国企业高管表示，到2030年，增长机会将出现在两个领域——绿色经济和未饱和市场。蓬勃发展的绿色经济，蕴含着长期增长的潜力。未饱和市场则是指那些被忽视的消费群体，他们的需求过去并没有被企业重视，针对这些消费者的解决方案，需要采取和以往不同的创新价值思维。国家对于推动新兴产业与未来产业的增长也有擘画，这成为我们打造新质生产力的重点：从"新三样"到八个新兴产业和九个未来产业领域。目光高远的企业正在用"明天的技术"打造"后天的产业"。

塞萨尔·伊达尔戈在《增长的本质》中写到，"经济增长就是信息增长"，而信息的发展可以看作是整个人类分析计算能力的进步。这也是各个国家都如此重视知识、技术、创新的原因。企业的增长亦是如此，个体能够掌握的知识技术是有限的，我们需要集体智慧。先进技术应用和持续创新能力是企业重塑增长的根本。我们注意到，越来越多的企业不断加大在数据、云和人工智能等方面的投入，赋能员工，变革自

埃森哲全球副总裁
大中华区主席

朱 虹

身，让技术和创新成为推动企业增长的强大引擎。埃森哲既是技术进步的见证者，也是技术进步的受益者。70多年前，当商用计算机还处在实验和概念阶段时，为帮助通用电气提高薪资处理效率，我们帮助他们部署安装了第一台商用电脑，从而开创了数据处理时代，逐渐成为用技术解决企业管理问题的专业服务先锋。人工智能是未来技术和管理革命的趋势所向，企业需要思考重塑自身之道，实现新的增长。

高质量增长是对未来负责的增长，高质量增长不是狭义的财务增长，而应该是有包容性的，增长应该惠及更多群体、更多区域、更多社会阶层。这也是埃森哲一直以来所提倡的360°价值——我们不仅要为股东创造财务价值，还要从客户、体验、最优人才、多元与包容、可持续等维度入手，创造广泛的社会价值，打造一个包容、和谐、稳定、可持续的美好未来。

无论你对增长的定义是一个目标、一段旅程，还是一个新的起点，我们都应该不断反思、勇于重塑。希望埃森哲旗舰出版物《展望》能在重塑增长的历程上带给您一些启发。

目录

提要：无法应对不断变化的风险，会使企业暴露于更大的威胁之下。重塑企业风险管理，将有助于企业稳健推动业务增长。

企业如何应对新风险

文 萨曼莎·里根、海瑟·亚当斯、米凯拉·科波拉

企业发展道路上，风险永存，风险永变，有时在我们感觉风险程度已达顶峰之时，新的破坏性威胁又接踵而至。《2024年埃森哲变革脉动指数》报告显示，过去四年间，企业面临的颠覆性冲击水平上升达183%，仅2023年一年就增加了33%。[1] 并且，埃森哲风险研究的调研结果显示，83%的受访者认为错综复杂的风险正以前所未有的速度涌现。

您的企业面临何种风险

一、威胁升级的风险

埃森哲《2024年风险研究》对全球700多名风险专业人士进行了调查，结果显示，企业应对超级破坏性风险准备不足。与此同时，虽然运营风险和财务风险增长最快，但技术风险、监管风险在企业风控议程中占据越来越重要的部分。与2021年相比，越来越多的受访者认为所有风险正在以令人担忧的速度攀升（见图一）。

1.《2024年埃森哲变革脉动指数》，2024年1月，https://www.accenture.com/us-en/about/company/pulse-of-change。

图一 技术风险、监管风险在企业风控议程中占比越来越多

问题: 自2021年以来, 对企业业务的潜在影响而言, 以下哪些风险类别在风控议程上的上升幅度最大?
(最多选择3个答案)

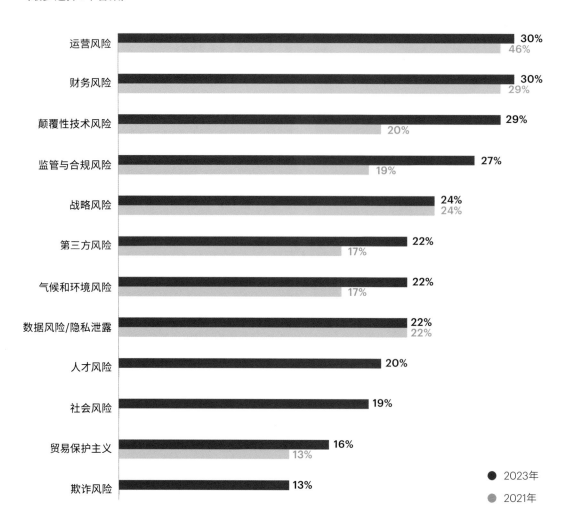

基于: 2023年全部707个回答; 2021年全部725个回答。
来源: 埃森哲2023年和2021年风险研究。
注: 2021我们没有追踪人才和社会风险。

对于具体风险的看法在不同行业间存在着一些差异。40%的制药业受访者表示, 自2021年以来, 监管与合规风险的影响力增幅最大——在所有行业中占比均排在首位; 49%的软件与平台行业受访者则认为, 颠覆性技术风险上升幅度最为显著。

二、层出不穷的新风险

自2021年以来，一些风险类别已变得越来越重要。生活成本上升和心理健康问题等社会风险越来越普遍——日本和法国企业尤为明显。而在美国，精神健康状况欠佳每年造成的经济损失据估算可达476亿美元。[2]

社会风险的另一大组成部分，则是在有争议的社会问题上所持的立场，正在使企业面临越来越大的声誉风险与损失。41%的零售业受访者表示，社会变革给企业带来了高风险。

三、错综复杂的风险

83%的风险专业人士指出，错综复杂的风险正以前所未有的速度涌现。我们的调研也支持了这一观点——各种风险之间的依存度越来越高。例如，调研受访者表示，随着运营风险的重要性增加，战略风险上升幅度最大。而财务、监管和技术这三类风险也在进一步加剧战略风险（见图二）。

图二　风险错综复杂且相互影响

问题：自2021年以来，以下风险在议程上占比显著上升，这是否导致其他风险的重要性有所上升？如果有，是哪一个？

因运营风险而升级的风险

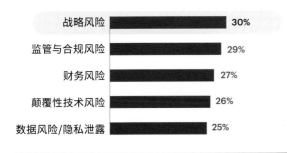

战略风险	30%
监管与合规风险	29%
财务风险	27%
颠覆性技术风险	26%
数据风险/隐私泄露	25%

因颠覆性技术风险而升级的风险

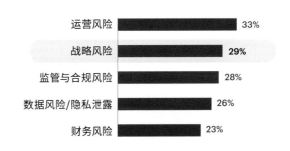

运营风险	33%
战略风险	29%
监管与合规风险	28%
数据风险/隐私泄露	26%
财务风险	23%

因财务风险而升级的风险

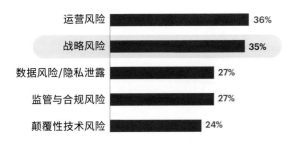

运营风险	36%
战略风险	35%
数据风险/隐私泄露	27%
监管与合规风险	27%
颠覆性技术风险	24%

因监管与合规而升级的风险

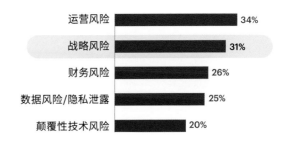

运营风险	34%
战略风险	31%
财务风险	26%
数据风险/隐私泄露	25%
颠覆性技术风险	20%

基于：所有707个回答。
来源：埃森哲2023年风险研究。

2.《员工心理健康不佳的经济成本》，盖洛普，2022年12月13日，https://www.gallup.com/workplace/404174/economic-costpoor-employee-mental-health.aspx。

显然，风险已无处不在，并且错综复杂。如果企业无法紧跟不断变化的风险，就会暴露于更大的威胁和漏洞之下。了解风险之间的联系，有助于风险主管了解自身企业处于何种风险格局之下，并针对彼此关联的风险未雨绸缪，为推动业务韧性与增长奠定基础。

案例研究

埃森哲与一家跨国食品与饮料公司合作，助力其提高对于水资源风险敞口的认识，更好地制定管理战略。在充分评估水资源风险后，埃森哲利用公共信息和客户数据，创建了一套模型来全面衡量物理、气候、财务、声誉和监管等各方面的风险，并确定该公司有超过50亿美元的资产处于风险之中。

四、跨行业蔓延的风险

如今，大多数企业的运作已不再局限于单一行业。传统电信运营商进入了娱乐领域；医疗保健提供商开始销售保险产品；银行也搭建了零售平台，而开辟全新业务可能会使企业遇到全新风险。我们的调研也明确反映了这一新的现实局面：81%的受访者均表示，其他行业的风险现在正影响着他们的业务。伙伴关系和战略联盟尤其容易使企业遭遇到其他行业的风险。例如，与零售商合作提供联名信用卡的银行将间接面临零售行业风险（如供应链中断）。银行也越来越多地受到金融科技公司等非银行金融机构活动的影响，后者所受的监管远少于传统金融机构。[3]

然而，现实情况是大多数企业尚且难以评估自身所处行业所面临的风险，更不必说错综复杂、来自不同行业的威胁。72%的受访者认为其风险管理能力未能紧跟日新月异的形势发展。只有45%的受访者对自身管理颠覆性技术风险的能力"非常有信心"。

3. 美国联邦存款保险公司主席Martin J. Gruenberg在财政部俱乐部就非银行金融机构的金融稳定风险发表的讲话，2023年9月20日，https://www.fdic.gov/news/speeches/2023/spsept2023.html?source=govdelivery&utm_medium=email&utm_source=govdelivery。

重塑风险管理正当其时

企业必须不断更新风险管理实践方法，以快速响应更复杂的风险环境，他们应当遵循风险管理领军企业已经验证的路径。这些领军企业展示了专业化风险管理的价值与效益——超过90%的风险管理领军企业对自身主动识别和定义新风险的能力感到满意。更重要的是，他们通过承担更多风险，并确保尽可能有效地监测、量化和缓解威胁，帮助业务部门不断突破增长和创新范围。

企业可以采取以下措施来重塑企业风险管理，追赶风险管理先锋企业。

一、投资新科技和新技术

本次调研中，约57%的受访风险管理领军企业都表示，应用新技术是他们的首要任务，而抗风险能力不太成熟的企业持相同看法的比例仅为24%。

尽管风险管理领军企业可能已掌握了技术的潜能，但我们的调研显示，相当多的企业尚未投入足够的资金建设新型系统。目前，只有约三分之一的风险部门正在使用或刚刚使用了云计算等新技术，从数据中获取价值。96%的风险管理领军企业迫切希望提高全企业范围内的数据收集能力，风险管理欠成熟的受访者中这样做的比例仅有59%。自动化和人工智能的使用率也不尽如人意，应用高级数据处理与分析、机器学习和生成式人工智能等技术的受访企业不到半数，分别为47%、44%和27%。

这些技术和能力对于新一代风险管理至关重要，企业不但需要在这些方面进行大量投入，还要确保投资落在企业所需之处。此外，技术对于企业转型与重塑也不可或缺。为了支持这项行动，风险管理部门同样需要利用技术完成自我革新。若无法做到这一点，企业监测、量化和缓解风险以及提高现有风险流程效率的能力便会日渐衰弱。

二、培养面向未来的风险管理领导者

风险主管的关键要务之一，就是与最高管理层和董事会合作，建立跨职能部门的风险文化和思维模式。风险预防通常是风险管理最薄弱的环节，员工需要认识到自己在工作中有责任管控风险。

进一步强调在整个风险部门开展各种协作，对于管理企业的风险偏好和关键风险也极为重要。这有助于企业转向新的思维模式，使风险管理成为业务韧性与增长的关键推动因素。

同时，企业需要加快应用新兴技术的步伐，提高自身迅速识别、评估和缓解业务风险的能力。企业还应当从内部和外部充分挖掘新技能。51%的领军企业认为，引入新技能是仅次于应用新技术的第二大优先事项。而抗风险能力较差的受访企业中只有24%持相同观点。在所有受访者看来，员工最需要完善的技能包括：识别外部风险的变化形势、了解先进的数据科学、掌握分析与建模以及协作能力。

尽管技术风险对企业而言越发重要，风险团队也有意投资数字工具，但只有不到三分之一的受访企业会优先考虑颠覆性技术的评估和使用。我们的客户合作经验证明，迅速跟进、顺应技术潮流是企业的必选项。

三、全力提升风险响应敏捷性

目前，风险涌现的速度超过了以往任何时候，因此风险团队必须更快地采取行动。这意味着，他们需要拥有支持迅速响应的工具、数据、人员、业务部门联系和合作伙伴关系。

我们的风险调研表明，只有大约一半的风险团队在提高有效性的领域中"非常敏捷"，其中，领军企业的敏捷程度均明显高于其他受访者。因此，将风险防控人员转变为敏捷的业务助推者成为企业的优先事项。无论是调研中脱颖而出的领军企业，还是与我们合作的风险职能部门，都在加速实现控制与决策的自动化，同时使用高级分析工具推动更细致的洞见。他们还建立了更稳健的方法来衡量和报告新出现的风险。为了实现转型，风险部门必须依靠灵活的风险架构和敏捷的运作模式，适应不断变化的要求与期望。

而这种敏捷的运作模式依托于云原生底座，并充分利用了技术解决方案和工具，包括跨越多个风险领域运行的开源工具套件。其中还涉及老旧应用程序的退役。这一方面提高了企业建模资产的互操作性，另一方面降低了管理风险和识别新风险的成本。

企业还需要做到以下几点：完善自身的韧性战略和计划，使之符合组织目标；增加共享服务的使用，将商品化流程进行外包；调整和扩展风险治理与报告，以涵盖新出现、正在攀升和不断发展的风险与威胁，同时简化和更新风险政策。不仅如此，企业应采用自助型数据查阅模式，提高跨部门的访问能力，并使员工结构合理化，从而通过支持新的工作方式来提高生产力。

四、风险管理人人有责

许多风险部门都在努力提升全体业务人员的风险管理责任感。此举带来了双重益处：不但减少风险敞口，还增强员工对业务风险和潜在威胁的认知。

我们的调研展示了令人欣欣鼓舞的一面：82%的受访者均表示，在风险团队之外，企业整体的风险意识正不断增强。不过增强风险意识仍任重而道远，只有35%的受访者对业务部门的风险意识"非常满意"，而对于业务部门是否知晓降低风险也是其职责之一，表示非常满意的受访者仅占34%。

风险管理部门需要推动业务部门建立风险管理能力，这并非易事：77%的受访企业风险部门都感到，提高业务部门应对风险的能力、增强风险思维十分困难。

风险管理领军企业则在企业内积极营造风险文化，他们在整个业务当中嵌入风险管理责任，增强韧性，并使组织能够把握住巨大颠覆与变革所带来的机遇。风险部门必须就如何有效管理业务中的风险，提供清晰、基于证据的实用建议。

如何快速增强风险应对能力并打破管理孤岛

若想增强风险管理能力，并且清除识别、评估和减轻整体业务风险的障碍，避免孤立思维极为关键。这需要通过下列三种方式实现。

评估风险的相互依赖性：

风险并非存在于真空之中，它们会迅速加剧其他威胁，导致意想不到的严重后果。例如，调研数据显示，如果考虑社会风险和金融风险等二级影响，欺诈风险的程度会大幅增加。企业不仅应评估单项风险，还有必要考虑当这些风险升级时将会如何加剧其他威胁。

协调风险团队和业务团队：

风险主管需要与业务部门建立更紧密的工作联系。这样做对两个部门都有益处：不但会使风险团队提高对业务战略的理解，还能鼓励业务人员增强风险意识、融入风险管理文化。

整合风险管理转型活动：

如果孤立地改进特定流程、管理特定风险，可能会导致精力和资源的重复投入。领导层需要有前瞻性地将各项风险管理转型举措综合考虑，特别关注风险、财务和资金三个团队的联动。

风险往往隐藏在众目睽睽之下，企业需要花费更多精力以更全面地审视风险。重塑风险管理，更充分、更敏捷地应对可能出现的各种状况，将有助于企业稳健增长。

萨曼莎·里根（Samantha Regan）
埃森哲董事总经理、风险与合规部门负责人

海瑟·亚当斯（Heather Adams）
埃森哲董事总经理、风险与合规部门负责人

米凯拉·科波拉（Michela Coppola）
埃森哲商业研究院高级经理

业务垂询：contactus@accenture.com

逆势增长,
科技引领

专访九牧集团运营总裁林晓伟

访　华明胜、邓玲
文　吴津

在全球经济下行、中国地产业经历寒冬的大背景下，卫浴行业面临前所未有的挑战，然而九牧集团，这家以五金起家，如今涵盖陶瓷、智能马桶、淋浴房、浴室柜等多元化、多场景产品，卫浴行业销量做到"中国第一、世界前三"的企业，却在2023年实现了销售和利润双增长的傲人成绩。

本辑《展望》，我们采访了九牧集团运营总裁林晓伟，了解九牧集团如何在逆势中取得增长，集团如何践行"科技卫浴，世界九牧"的战略，精准识别消费者需求，超前投资未来需要的技术，打造创新产品和高质量的服务，并在成为中国卫浴行业的龙头企业之后，继续向海外市场进军。

《展望》：过去三年，九牧经历了前所未有的挑战，但依然实现了高质量增长，这是如何实现的？

林晓伟：疫情期间，大环境有很大的不确定性，我们在做最坏打算的同时，向最好的方向去努力。卫浴是传统的耐用消费品，产品生命周期很长，消费者复购的周期也很长。我们的经营决策，有可能要半年、一年才能呈现效果，能力的孵化甚至需要两到三年时间。所以，我们制定战略的时候，考虑的不只是眼前的增长，更聚焦于未来增长。在战略层面上，我们设定了一个较为激进、有挑战的长期目标，并根据实际的经营情况做灵活调整——每个季度，公司高管都根据市场的变化趋势，对下一季度或下半年的经营策略进行调整。

经济下行时期，资源和势能会向头部企业集中，这就需要企业具备一定的能力去抓住机遇。而九牧之所以能做到逆势增长，我认为和我们卓越的科技创新力、优秀的产品力和强大的渠道能力密不可分。

"科技卫浴"是九牧的长期发展战略。科技可以提升产品的价值，从传统马桶到智能马桶，其价值已由几百块上升到几千块、几万块；科技也可以提升企业的行业竞争力，助力集团实现换道超车，带来全新

九牧集团创新中心

增长。所以，长期对创新科研进行大量投入，将为企业的增长带来源源不断的动力。

从产品和渠道角度来说，我们通过多品牌战略，在单一品类里尽可能提高占有率；如果单一品类不足以支撑增长，就要拓展新品类，做产品组合。而要想在单一品类里获得增长，就要针对不同客群的细分需求，用不同的品牌、创新产品去覆盖。每个品牌都有上限和下限，大众市场和高端市场的需求差异很大，单一品牌很难同时满足。

发现并解决消费者的痛点是九牧的核心能力之一，我们会深入用户的使用场景去挖掘他们差异化的需求。例如，我们的调研发现八成年轻人会在洗澡时唱歌，所以九牧旗下针对年轻人的品牌小牧优品便在去年推出了K歌音乐花洒，很受欢迎。我们近期推出的全水路除菌智能马桶，也是考虑到了消费者静音和除菌的需求。

光有好产品还不行，渠道能力也非常重要，两者相辅相成。中国的零售业态很复杂，消费者非常分散，企业若不去主动寻找，那就会成为别人的消费者。所以，我们要覆盖所有的主流渠道，在各个渠道做增量。比如家装市场增长快，我们就扩展家装渠道；为了挖掘下沉市场的潜力，我们入驻京东MALL和京东家电家居专卖店。而且我们对各项指标看得非常细致，为每个渠道设计具体到品类的业绩目标。如果每个品类在细分渠道中都能做到第一名，就能保证整体市场占有率。

我们每年举办四次订货会，不但可以使我们快速地掌握目前的消费趋势，也可以让我们的创新产品第一时间流向市场，触达消费者。同时，九牧的"主动营销"策略，也让我们在行业"寒冬"时期，被动变主动，存量变增量。我们所有的经销商、代理商会通过联合营销、门店促销等活动吸引消费者，主动挖掘新的商机、新的客源。

企业要保持续增长，除了布局新产品和新渠道，还要拓展新品类。我们最早做五金起家，后来慢慢拓展到陶瓷、智能马桶、淋浴房、浴室柜、浴缸等品类。虽然新品类的前期投入很大，但我们有耐心，也愿意花时间去尝试。现在，我们从提供单一卫浴产品，逐步发展为提供家居卫浴场景空间解决方案的集团公司。

> **"**
> 我认为，一家企业能否长期经营，关键在于企业的战略是否符合市场趋势，提供的产品是否符合消费者需求。**"**
>
> ——林晓伟

《展望》：九牧在产品研发方面进行了长期大量的投入，除了您刚才提到的音乐花洒、智能马桶，还有洗澡机器人，这些产品背后是什么样的创新理念？

林晓伟： 我们打造"科技卫浴"、研发生产各种品类的智能产品的目的，最终是要解决用户的需求，而不是为了使用技术而去做这个产品。

卫浴产品是低频消费、高频使用的品类，是真正的刚需，大家每天都用。但如果不装修，或没有装修过，即使每天上厕所、洗脸、刷牙，也不会关注这个品类。因此，消费者的培养周期很长，也要求我们做好产品研发的提前量，超前投资、长期投入，才能在未来合适的时间，推出符合消费者需求的产品。

九牧主品牌客户群体的覆盖范围非常广泛，包括各个年龄层，我们的产品研发和用户的生命周期有很强的相关性，因此，我们会考虑到细分消费客群的需求。比如不同的居住模式下，对卫浴的需求是不一样的，有些需求是长期的，有些是阶段性的。

例如，老龄化是目前社会的发展趋势，也是我们现在聚焦的一个方向。中国虽然刚刚进入老龄化社会，但是发展速度很快，产生了很多新的消费需求，机器人卫浴就是针对性的解决方案之一。九牧已

九牧集团智能家用机器人产业园

经踏上智能家用机器人产业新赛道，挖掘全新增长点。2023年我们的九牧智能家用机器人产业园项目正式签约落地，未来将打造全球智能家用机器人技术高地。

有些创新解决方案的成本很高，或者目前我们的品牌、市场还没有能力去支撑，但我们如果对需求和方案有足够强的认知和确信，就会坚持做下去，相信时间会降低技术和硬件的成本。这些研发项目还会引领我们去做技术迭代，随着供应链和市场日渐成熟，我们便会在合适的时间推出新产品新技术，从而抢赢市场。

我们在全球设有16个研发设计中心和15家高端数智工厂，研发团队超过5000人。依靠九牧独有的"三年应用、五年基础、十年理论"金字塔创新研发体系，累计获得专利达两万多项、全球设计大奖300多项，以量的积累实现质的突破。

《展望》：九牧目前不光做产品，还提供服务。但是，要把服务做好又是一个大课题，在这方面九牧有什么经验可以分享？

林晓伟：欧美市场人力成本高，很多人习惯自己动手，所以家装市场有很强的DIY属性。中国市场则不同，消费者对服务很看重。我们把产品卖给消费者还不算结束，要帮消费者完成安装，提供配套的售后服务，才是一个完整的载体。

同时，消费者很看重品牌的口碑。有时不是产品问题，但为了让消费者有好的消费体验，我们会免费给用户更换产品；我们也会主动回访高端用户，上门免费维护。这种交互不但提升了客户黏性，带来很大的复购率，也让九牧的好服务口口相传，有助于我们赢得新的消费者。

九牧提供的服务全部基于九牧自建的服务网络，并根据消费者研究，加强服务端的分层分级，明确哪些服务是消费者的刚需，哪些是额外的需求，根据客群特征考虑服务的场景和时间。这些都可让我们更及时地响应消费者的核心需求，为他们提供个性化的服务。

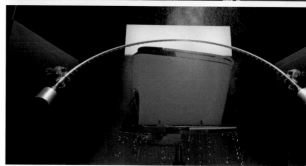

九牧集团绿色黑灯工厂

《展望》：数字化能力在这其中扮演了什么角色？现阶段，九牧的数字化转型重点又是什么？总结出哪些成功经验？

林晓伟：不同的时代背景下，企业使用的主流方法和工具虽然不同，但一定要符合企业当下的发展和管理需求。如今，这个主流的方法和工具叫作"数字化"，是九牧一直在锻炼的内功，也是九牧持续高速增长的重要基础。

九牧历来重视企业的信息化数智能力建设，2011年就实施了SAP系统。我们虽然生产的都是卫浴产品，但跨一个品类相当于跨一个行业，比如龙头是金属，马桶是陶瓷，智能马桶还包括电子元器件，这些产品的开发流程、制造工艺完全不同，如果直接套用标准化系统，很难适应企业的需求。所以，关键是企业要理解自己的业务，明确自身的需求，这样才能在"标准化"的系统上，打造适合企业自身的"个性化"流程，实现业务的高效和敏捷。

在产品端、制造端，我们都对智能制造进行了大规模的投入。九牧全球首个"绿色黑灯工厂"已经全面实现生产车间少人化、管理交互智能化、绿色低碳生产，生产效率有明显的提升。

目前,九牧数字化转型的重点是进一步厘清自身业务的流程和逻辑,内化数字化能力。我们也在持续关注人工智能这类新技术、新工具,结合行业特质,探索人机结合最有效的模式。

在企业的数字化进程中,我认为更重要的是企业管理层、核心经营层观念的转变。数字化的作用是赋能,企业的数字化转型本质上是提质增效,做到"量利增收"。当大家明确了重点,又看到了数字化对企业的业务能力带来了实实在在的提升,就会带动整个企业上下对数字化转型的接纳程度。

数字化转型的进程中,企业要找到适合自己的方法和体系,学习先进理念的同时,构建独一无二的核心竞争力。"

——林晓伟

《展望》:九牧很少做铺天盖地的广告宣传,而是在体育赛事、音乐会等大型活动中,以赞助商的身份出现,这一举动背后的考量是什么?

林晓伟:做品牌宣传,其实很难评估投入产出比。当下,媒体传播和信息获取的方式越来越碎片化,名人效应也大不如前。因此,我们在选择营销方式的时候,除了要做到针对特定人群通过特定渠道进行传播,更希望做到投入少,效果好。目前,九牧的主要传播方式已经逐渐转变为事件传播。我们会借势、借力,通过新闻、全民事件增加知名度、曝光度,取得的营销效果比单纯做广告投放要好。

体育赛事是全民关注的大事件,传播量有保证,我们以赞助商的身份出现,无形之中就给九牧做了一波高质量的宣传。2023年的杭州亚运会,我们不但是中国花样游泳队的官方合作伙伴,九牧的多款卫浴产品也进驻了众多比赛场馆和亚运村,让更多的人感受到九牧产品的高品质、高科技。

音乐会、演唱会则与年轻人息息相关,可以收获年轻客群。这其中还包含销售动作,门店可以在赞助期间做"买产品送演唱会门票"或者抽奖活动,将品牌和销售进行结合。

《展望》:您如何看待卫浴行业的未来发展?

林晓伟:九牧身处传统制造行业,但就未来发展来说,我认为,行业越传统,蕴藏的机遇越大。

首先,我们的产品与人们的生活需求息息相关,不可或缺,这就确保了市场需求是一直存在的。

其次,随着人们生活水平的提升和对健康重视程度的上升,行业的很多属性会随之改变,并得到整合。比如通过挖掘消费场景的更多潜在价值,我们可以进行更加丰富的品类延展,提供健康、服务或者医疗等产品。

最后,我们这个行业有很大的升级空间。从增长角度,无论是发达国家还是发展中国家,虽然市场体量不同、需求不同,但都有长期增长的可能性。而从可持续性角度,无论是制造端还是产品端,以前是高能耗、高污染。我们意识到问题之后,主动应用新能源、新智造,降低生产过程中的污染、员工职业病的发病率,积极开发节水产品,这就打造了可持续的绿色产业。

《展望》：九牧有什么样的国际化愿景？如何制定出海战略？

林晓伟：九牧当然是想做卫浴品牌的世界第一。但要想做到世界第一，九牧还有很多新的能力需要构建。

目前，九牧的市场主要集中在国内。但如果只关注单一的中国市场，企业的长期经营会有风险，增长也会受限。因此，我们希望走出去，做到"世界九牧"，多个国家、多个市场协同，在降低经营的风险的同时，突破单一市场的增长天花板。

但如何出海？去哪里、不去哪里？如何整合国外收购的品牌以及原有的海外渠道？又如何利用九牧在中国市场现有的资源进行再扩张？这些都需要我们根据实际情况进行相应的策略调整。

做国际化就是做当地的本土化，我们努力做到"一国一战略"，按照当地的资源和逻辑、依照当地的法规和条例去进行。比如我们在东南亚市场开始搭建本地化的经营团队，以充分满足当地经销商、合作伙伴和当地消费者的需求。

延续在中国市场基于用户需求去做产品和解决方案的模式，我们关注当地的用户、产品与竞争对手，越做越深入，越做越细致。通过分析当地的市场格局、了解市面上的品牌，制定九牧的当地策略；基于尚未被满足的需求开发产品，而不是我们有什么产品就卖什么产品。目的是让当地消费者感受到，九牧非常了解我的个人需求。

要想深入扎根当地市场，渠道搭建、客户迭代、选商选址至少需要3到5年。因此，出海要有耐心，聚焦长期主义，摸清所在行业的特性，看清当地市场的情况，不能出海半年或一年觉得没有收效，便不做了。

《展望》：九牧的出海战略是否对数字化能力提出了新的要求？

林晓伟：这几年，我们一直在建设国际化的数字能力。我们收购的品牌，有些具备数字化能力，就需要我们考虑如何进行统一管理。比如数据保护等涉及法制法律层面的内容，要保证合规。而那些没有数字化能力的品牌，则需要我们去赋能，升级系统，实现数据的管控跟交互。

目前，九牧自身所具备的数字化能力基本可以满足这些新业务的需求，很多系统我们自己开发、自己上线。但毕竟九牧的业务有较高的复杂性，我们的国际化业务也刚刚起步，还在探索的过程中，很多的数字化能力仍在搭建之中。

采访后记

在林晓伟身上，我们不仅看到了老一辈企业家"敢闯敢干、聚焦实业、做精主业"的精神，也看到了作为一名90后青年企业家，紧紧把握时代脉搏，通过创建小牧优品、新产品屡获多项国际设计大奖等，为九牧注入新的活力、带来新的增长。正如他在采访中所说"新、老企业家本质上没有太大区别，能否成功地经营好企业，关键在于企业管理者能否紧跟市场趋势，接受新鲜事物，抓住发展重点"。

而与林晓伟"同龄"的九牧集团，也依靠34年稳扎稳打的制造能力，借助创新与科技的数字化力量，踏上了"科技卫浴，世界九牧"的数智卫浴新赛道。"聚焦长期主义""选定研发方向""增强数字能力"以及"完善渠道搭建"是林晓伟口中九牧取得成功的关键，也希望九牧集团能以此更早地实现"卫浴品牌世界第一"的愿景。

华明胜
埃森哲大中华区董事总经理

邓玲
埃森哲商业研究院研究总监

业务垂询：contactus@accenture.com

AI拐点重塑人类潜力

文 杜保洛、亚当·波顿、迈克尔·比尔茨

提要: 埃森哲《技术展望2024》通过AI伙伴、智能体、空间计算以及人机互通,研究了影响数实融合发展的最关键要素:人。

如果要问:人何以为人? 那是因为我们能思考、能行动、能感受并理解彼此。而现在,技术开始体现人类的这种专属经验。这种转变将重置我们与技术的关系,并彻底改变我们使用技术的方式和方向。

2023年的《技术展望》探讨了原子和比特的融合如何为我们的新现实奠定基础。今年,我们则研究了影响数实融合发展的最关键要素:人。物质世界和数字世界的进一步融合推动了更多人性化技术的涌现。今年的四大趋势指出了趋向人性化的几个关键维度,并说明了组织需要如何做好准备。

AI伙伴: 从知识到智识的革新

1665	1768	1873	1967	1967	1975	1990
第一本科学刊物出版。	《大英百科全书》第一版问世。	阿默斯特学院图书馆启用杜威十进制数字编码系统。	"Ask NYPL"纽约公共图书馆答疑热线开通。	ORBIT数据库搜索服务推出,专用于检索研究摘要。	俄亥俄州立大学实施了第一个主要的数字目录。	加拿大麦吉尔大学的三名学生发明了史上第一款搜索引擎Archie。

1996	1998	2001	2008	2010	2012	2019
Ask Jeeves创立。	谷歌PageRank算法上线。	维基百科问世。	Stack Overflow开始众包编程问答。	Microsoft面向企业发布SharePoint。	谷歌正式提出知识图谱的概念,迈出了语义搜索具有重大意义的一步。	研究人员提出K-BERT构想,一种基于知识图谱的大语言模型(LLM)。

2022	2003	2025	2027	2028	2029	2031
OpenAI发布ChatGPT。	微软Bing Chat亮相公众视野。	一家领先航空公司宣布,客户对聊天机器人客服和人工客服的满意度相差无几。	数据中毒(将恶意数据植入机器学习模型)成为企业面临的头号网络安全威胁。	大多数企业启用专属聊天机器人协助知识管理、开展研究和执行工作任务。	人工智能咨询工具的搜索量超过传统搜索引擎。	将基于应用程序的界面替换为基于智能体的界面的智能手机发布。

我们与数据的关系正在发生变化，人类的思维、工作以及与技术交互的模式也随之发生深刻变化。数字化企业的整个基础正在经历一场颠覆性的变革。随着数据的重要性日益凸显并深入社会经济各个层面，我们的生活和工作正经历一场由数据引发的全面革新。

获取信息的方式会塑造个人行为。搜索几乎改变了它所触及的一切，成为人们和企业与数据交互的主要途径。它极大扩大了人们获取知识的宽度和广度，将检索时间从数小时缩短到数分钟，并促进了企业的转型变革。网络串联起每一条信息，使之交织构成庞大的图书馆。20多年来，搜索一直担当着图书馆管理员的角色。

2022年底，风向骤变，搜索巨头们进入高度警觉状态。[1] 人类与数据多年来平静的联结关系第一次泛起了涟漪。"图书馆管理员"模式逐渐退场，新型"智能顾问"模式开始大行其道。人们不再单凭搜索来生成结果，转而向生成式AI聊天机器人，诸如GhatGPT等索求答案。

人们访问数据和数据交互方式正在持续更迭中，以迅猛之势影响你我的世界。它不仅给传统搜索公司敲响警钟，更是让所有公司都感受到了紧迫的变革需求。受到生成式AI影响的不仅仅是网络搜索引擎，也包括所有广义上的搜索，从搜索电子邮件或文件到在CRM数据库中查找客户详细信息等形式都包含其中。

数据是塑造当今数字业务的一大核心要素。聊天机器人整合海量信息来提供答疑和推荐意见，它采用多元的数据模式，完整记住历史对话，甚至能提出下一步该问什么问题，从而颠覆了传统意义上依赖于单一、线性数据流程的业务运作模式。

然而，真正的颠覆不仅仅体现为我们访问数据的方式，它甚至还会令整个软件市场为之改变。倘若应用程序和数字平台的界面统统换位给生成式AI聊天机器人，未来会怎样？倘若它变身为我们读取、写入和与数据交互的新方式，成为所有平台的一大核心能力，未来又如何？搜索领域的突破和进展势必会颠覆软件以及它在企业整个数字世界中扮演的角色。

如今，企业亟待把握住时代契机，重构信息在整个组织中的运作方式，创新开拓新一代数据驱动型业务。

如果企业不是只被动地把自己定位在搜索结果之中，而是更主动担当起可靠咨询师的角色，客户体验和互动将会因此有所不同。当员工能够及时地按需获取信息和答案时，内部工作流程会随之发生转变。企业在不断推出新颖产品和服务的过程中，整个价值主张会随之转变。这其中蕴藏着无穷商机，更是大势所趋，而无法跟上时代步伐的企业将惨遭淘汰。

---

1. C. 麦兹和N. 格兰特，《新的聊天机器人是谷歌搜索业务的"红色代码"》，《纽约时报》，2022年12月21日，https://www.nytimes.com/2022/12/21/technology/ai-chatgpt-googlesearch.html。

智能体：AI互联的生态系统

1770	1892	1961	1995	1996	1997	1999
"自动"国际象棋棋手Mechanical Turk诞生。	第一台自动电话交换机安装成功。	通用汽车成功地将Unimate机械臂集成到制造过程中。	BargainFinder成为首款比价购物智能体。	微软发布了Clippy。	纳斯达克使用基于智能体的模型来模拟股票市场。	一款自动在eBay出价的工具eSnipe正式发布。

2001	2011	2015	2017	2019	2022	2023
美国国家科学院主办了一场基于智能体建模的研讨会。	苹果公司发布Siri。	嘉信智能投资组合(Schwab Intelligent Portfolios)自动咨询服务上线启动。	研究表明，人工与软件智能体联合推出解决方案的速度提高了55.6%。	DeepMind的AlphaStar成为《星际争霸II》大师级玩家。	亚马逊宣布推出首款全自动移动机器人Proteus。	ChatGPT重磅更新：可同时接收语音和图像输入。

2023	2025	2026	2028	2030	2032
Auto-GPT和BabyAGI推出。	智能体编写的开源代码启用新的代码存储库。	四分之三的知识工作者日常都会使用Copilot。	第一家真正的无人汽车制造厂开业。	半成的住房抵押贷款由智能体批准和服务。	有关部门捣毁一个利用智能体收集受保护信息的内幕交易团伙。

人工智能能否完全代替人类，自主地完成一款新产品的上市流程？

虽然听起来似乎遥不可及，但未来可能会比您所预想的更早到来。企业已将人工智能嵌入业务运营中。生成式AI令行业领先的创意工具Adobe得到进一步革新，也助推了大众汽车发展产品概念。[2,3]西门子和发那科将人工智能嵌入机器人和工业流程中，重构了制造业的业态面貌。[4,5] 过去数年，基础模型的出现极大地扩展了人工智能在诸如市场营销和销售等业务部门的应用，快速创建新内容，加快产品上市。[6]

人工智能正在突破其原有的辅助性角色，开始更多地通过实际行动去影响和改变世界。未来十年，我们将见证整个智能体生态系统的崛起，这个由众多相互连接的智能体组成的大型网络将推动企业以全新方式思考自身的智能和自动化策略。

人工智能将逐渐发展成智能体，自动化系统将主动决策并自行采取行动。智能体不仅会为人类提供建议，还会代表人类采取行动。人工智能依然会生成文本、图像和洞察，而智能体则将自行决定如何处理这些信息。

2.《Adobe Firefly: 释放你的想象力》，Adobe网站，https://www.adobe.com/sensei/generativeai/firefly.html。

3. D. 格林菲尔德，《大众汽车应用生成设计》，汽车世界网站，2019年8月1日，https://www.automationworld.com/products/software/blog/13320039/volkswagen-applies-generative-design。

4. N. 德斯兰德斯，《西门子携手Intrinsic为中小企业提供基于人工智能的机器人技术》，Tech Informed 网站，2023年7月4日，https://techinformed.com/siemens-and-intrinsic-to-make-ai-based-robotics-accessible-to-smes/。

5.《Micropsi Industries的人工智能软件MIRAI现可与FANUC机器人兼容》，2022年11月30日，Automation.com，https://www.automation.com/en-us/articles/november-2022/micropsi-industries-ai-software-mirai-fanuc-robots。

6. V. 登切尔瓦，《市场营销中的生成式AI——统计与事实》，Statista，2023年6月7日，https://www.statista.com/topics/10994/generative-ai-in-marketing/#topicOverview。

以DoNotPay为例，这家公司致力于帮消费者省钱，其业务涵盖从申诉撤销停车罚单到识别未使用的订阅等。直到最近，DoNotPay发现了上述问题并敦促客户采取行动，但随后该公司将GPT-4和AutoGPT集成到旗下软件中。[7] 这些新功能的第一位用户是DoNotPay的首席执行官。他允许智能体访问他的财务账户，并提示它执行一项既简单又复杂的任务：帮我省钱。该智能体识别出81美元的不必要订阅费用以及37美元的异常的空中Wi-Fi费用。然后，它主动向订阅提供商发送取消通知，起草了一封对Wi-Fi收费提出异议的信函，并联系首席执行官进行核查。锦上添花的是，它还起草并发送了多封电子邮件，主动与有关方面协商，将首席执行官的有线电视和互联网费用削减20%。

尽管智能体的进化刚刚拉开帷幕，不少公司已然需要开始考虑下一步的发展战略。一旦智能体开始自主行动，用不了多久他们就会开始彼此交流。未来，人工智能战略须全盘统筹整个系统中全体参与者的行动力：经过特定训练的专用人工智能、通用智能体、擅长与人类协作的智能体以及为优化机器而设计的智能体等等。这些智能体将相互取长补短，构成一套能改变企业生产方式和生产内容的生态系统。

智能体能全盘掌控整个价值链，而不仅仅是使用人工智能来优化单独的业务流程。如今，人工智能可检测制造缺陷，而智能体则可实现真正的"黑灯工厂"。人工智能可以处理订单，而智能体则还能够推销产品并送货上门。

但需要注意的是，在智能体真正能够代表我们行动之前，或是与其他智能体协同合作之前，还有大量准备工作要做。事实上，智能体仍会遇到困难，出现工具滥用、响应不准确之类的问题，而这些错误会迅速累积，导致情况进一步恶化。如不采取适当的制衡措施，智能体可能会对您的业务造成严重破坏。

创新型领导者将为智能体的成长提供所需的支持，使其逐步赢得企业的信任，充分发挥潜力。企业将聘请人类员工作为第一批"试飞员"来决定何时何地允许内部智能体"单飞"。换言之，智能体需要人类为之创建支持系统，才能转变为可靠的参与者，而此举成功与否，将决定智能体成为企业的伙伴还是障碍。

7. M. 巴斯蒂安，《GPT-4和AutoGPT如何为您省钱》，The Decoder，2023年4月30日，https://the-decoder.com/how-gpt-4-and-auto-gpt-could-save-you-money/。

空间计算：发掘虚拟实感的价值

1957
莫顿·海利希（Morton Heilig）发明了Sensorama，一种具有多感官体验的立体电影系统。

1973
第一个触觉电话获得专利。

1975
Xerox PARC发布图形用户界面（GUI）。

1992
路易斯·罗森博格（Louis Rosenberg）开发了第一款交互式AR系统。

1999
第一款拍照手机发布。

2003
西蒙·格林沃德（Simon Greenwold）创造了"空间计算"的概念。

2006
*Roblox*游戏正式推出。

2008
宝马投放了首支AR广告。

2011
微软Kinect（用于Xbox手势和语音控制）成为最热卖的消费设备。

2012
Oculus VR设备品牌创立。

2013
谷歌眼镜开始发售。

2016
《宝可梦GO》第一季度下载量达2.28亿次。

2017
苹果公司宣布推出用于开发AR应用程序的ARKit。

2018
Not Impossible Labs打造了一款触觉套装，让人们通过皮肤感受音乐。

2019
Snapchat推出Landmarkers - AR叠加技术。

2020
Nvidia发布Omniverse平台。

2021
沉浸式协作平台Microsoft Mesh发布。

2023
苹果公司发布Apple Vision Pro空间计算机。

2026
某职业体育联盟推出沉浸式3D重播和精彩片段平台。

2027
大城市为公共空间增添空间娱乐、导航和信息。

2028
某公立学校系统宣布提供全沉浸式空间环境教学的物理课程。

2030
游戏市场大多被VR和空间沉浸式游戏所占据。

2031
某个专门提供空间沉浸式内容的新闻网站一跃成为增长最快的新媒体公司。

当苹果公司在2023年推出混合现实眼镜Vision Pro时，这一举动便向众企业领导者发出了明确信号：新技术媒介时代已然到来。然而当时，鲜少有人认识到这个时刻的革命性意义。

空间计算将改变技术创新的轨迹以及人类的工作和生活方式。台式机和移动设备将屏幕作为通向数字世界的入口，而空间计算将结合生动鲜活的现实，实现数实融合。为这种媒介开发的应用程序可以让人们在数字世界体验到真实的物理空间感，或者在现实环境之上叠加数字化内容。

这是一个重大时刻。我们所使用的计算媒介塑造和定义了不同的技术时代。台式机将消费者带入信息世界。随后，移动设备摆脱了数字世界的束缚，让人们可以随身携带电脑。在过去几十年的爆炸性技术创新中，台式机和移动设备是这一切的基础。事实上，计算媒介不会频繁改变，可一旦改变则意义非凡。

尽管空间计算技术正引领我们进入一个全新的技术时代，但为何我们感受不到呢？为何我们的周围充斥着"元宇宙泡沫"的言论？缘由所在，便是新媒介并不经常出现，即使出现，人们接受起来也有一个缓慢适应的过程，但早期参与新媒介的回报几乎是无法估量的。

有些企业选择观望，认为技术还不够成熟，但已有企业正快马加鞭地建立相关技术能力。例如，Meta公司一直在加速开发Reality Labs的VR和AR产品，并推出了Codex Avatars，后者运用人工智能和智能手机摄像头来创建逼真的虚拟化身。[8,9]

8. T. 哈特梅克，《Meta的Reality Labs去年在VR和AR领域亏损137亿美元》，TechCrunch，2023年2月3日，https://techcrunch.com/2023/02/03/metas-reality-labs-lost-13-7-billion-on-vr-andar-last-year/。

9. S. 约瑟夫，《Meta推出Codec Avatar：使用智能手机创建栩栩如生的头像》，The Tech Outlook，2023年5月1日，https://www.thetechoutlook.com/news/innovation/meta-introduces-codex-avatars-life-like-avatars-that-can-be-created-using-a-smartphone/。

生成式AI等先进技术的发展，将继续发力打造空间环境和体验，进一步凸显其快速、高效和经济性。这些技术已在工业应用中悄然得到验证。比如制造业中的数字孪生、VR/AR在培训和远程操作中的应用，以及协同设计环境的建立均已对行业产生深刻且有价值的影响。

总的来说，有前瞻眼光的先锋企业都认识到一个硬核事实：期望立即大规模采用新媒介是不切实际的，但如若错失良机，将需要未来五年或十年的时间努力追赶。

企业如若认识不到新计算媒介的重要性，将很难打造出适宜的应用程序。谷歌地图的成功便是伺机改变了产品的性质，推出了移动版谷歌地图，并利用实时用户数据迅速提高其准确性，充分体现新媒介的优势。现在，只要您随身携带一部手机，无论身在何处，皆可顺利抵达目的地。这正是企业需要利用空间计算的方式，如果企业希望构建能够真正超越过去、丰富用户体验的产品，那么其设计必须与新媒介相匹配。

企业要想把握这一机遇并从中脱颖而出，必须从现在起转变观念，积极面对现实，摆脱因循守旧的心态，充分认识到当前这一历史时刻的意义。如今，相关工具和技术日益成熟完善，如何有效运用这些利器，已成为当务之急。

人机互通：技术解码人类意图

1924	1947	1952	1964	1990	1994	1998	2007
首次进行脑电图（EEG）记录。	监测飞行员的眼球运动，改进仪器设计。	贝尔实验室研制出首个语音识别系统。	面部识别的早期研究开始起步。	fMRI技术问世。	网景发明网络浏览器cookie。	首次在人体中植入侵入式脑机接口。	沃尔沃推出新型"驾驶员疲劳警示系统"。

2009	2012	2013	2015	2016	2017	2021
Fitbit发布Fitbit Tracker。	三星发布配备语音和手势控制功能的电视。	白宫启动"脑计划"。	Oura推出首款智能戒指。	Neuralink成立。	苹果推出面容ID。	一项研究发现，凯撒医疗集团的新冠感染家庭监测安全有效。

2021	2023	2026	2027	2029	2032	2035
智利通过世界上第一部保护神经权利的法案。	研究人员利用人工智能和脑机接口技术，恢复了一名中风患者的部分语言能力。	赛车模拟器采用由大脑活动和眼球运动控制的汽车。	某大型零售机构启动脑机接口试点项目，用于员工培训和技能保留。	一些大国通过立法保护公民的神经权利。	某大型保险公司提供上门态分析服务，以探查帕金森病和渐冻症的早期症状。	某消费级神经技术设备成功将梦境转录为可视化图像和文字。

请智能家居"打开灯"(turn on the lights)，它可能会播放Journey乐队在1978年发行的单曲 *Lights*，也可能会开错房间的灯。毕竟，智能家居技术不会读心术，它依赖于人类清晰明确的语音指令来执行任务。

无法正确理解人类的意图是当前许多技术的限制因素。如果我们不了解数字产品带给用户的感受，则可能导致产品的市场表现不尽如人意。即使是在VR中，当用户的视觉预期与设备呈现的画面出现脱节时，使用者也会感到头晕目眩。为了缩小这种"认知差距"，我们采取了一系列措施：学习新的手势操作、进行焦点小组访谈和对比测试、服用抗晕药物以及对员工进行新技术培训等。2022年，大型企业在员工整体培训方面的人均支出约为1689美元。[10] 但事实是，科技之所以难以和人类建立联系，通常是因为人的需求、期望或意图对于技术而言就像是一个未知的黑箱。

现在，人们正试图改变这种状况。纵观各行各业，创新先锋都在着手构建一种能够以全新视野和深层次方式解读人类意愿的"人机接口"。他们所着力构造的不仅仅是一个简单的技术或系统，而是意在搭建一个深度融合"人机互通"的桥梁，通过这一"人机接口"，实现的联动效应将远超家居智能化的简单提升，它将切实推动人与机器之间更深层次的理解、协作与交流，革新我们在各个领域中与技术互动的方式。

想想看，有多少业务挑战正是取决于此？首先是客户服务、产品和工作场所体验。在整个企业中，我们采用各种技术来帮助我们了解和适应他人。我们早已习惯了今天的限制，习惯了这些技术永远无法完全"理解"我们，甚至可能都尚未意识到这种鸿沟对我们工作的制约有多大。现在，从眼动追踪到姿态识别，从计算机视觉到机器学习，从大脑传感到读取肌肉信号——"人机接口"的发展正在打破这一限制。

技术与人体之间的碰撞可能会让人联想到遥不可及的科幻画面。但是，经过对现已掌握的技术进行审慎评估，我们看到了企业创新的无限机遇。我们可以加强员工培训，提高工作场所的安全程度，减少沟通错误和事故。我们可以打造数字产品，更好地了解和吸引人们，触达更广泛的客户群。设想一下，当我们不需要迁就技术，而是让技术适应我们，那工作效率会有多高。通过观察人类的行为举止以提供流畅体验的头显设备，已经开始显露这一趋势。在不远的将来，我们就会看到机器人仔细聆听并根据场景理解我们的指令，或看到数字体验跟踪我们的互动情况，捕捉微妙的情绪反应。这些更好地"理解"我们的技术，将彻底改变我们未来的工作方式。

---

10. L. 弗赖费尔德，《2022年培训行业报告》，《培训》杂志，2022年11月16日，https://trainingmag.com/2022-training-industry-report/。

商业中所有以人为本的领域，即人与技术互动之处以及依赖于理解和解读人的行为和意图的一切，都将发生翻天覆地的变化。无论是琐碎任务还是重大难题，"人机接口"都会提高行业标准。因此，任何企业都不希望在这个变革潮流中落后。

《技术展望》提出的趋势代表了技术创新领域一些最有影响力、最引人注目的进展。然而，这些只是构成更广泛的技术革命的一部分。技术的发展正在深刻地影响着企业的各个方面。

尽管历年来，某些趋势相比其他趋势总会带来更多令人兴奋的消息或者进步（如人工智能惊人的创新速度），但所有这些领域都有创新——对于企业来说，在制定长期战略时，注意到变革的整个影响范围至关重要。✏

但要取得成功，企业还需要解决日益严重的信任和技术滥用问题。对于让技术以这种全新而亲密的方式读取和理解我们的想法，无论是企业还是个人，恐怕都有些难以接受。生物识别隐私标准有待更新。此外，我们还需要制定新的神经伦理保障措施，包括如何妥善处理可推断人的意图和认知状态的大脑数据以及其他生物识别数据。在正式法规出台之前，赢得人们信任的重任只能由企业承担。

"人机接口"是个棘手的研究领域。人们对这项技术还心存顾虑，其全部影响尚不清楚。尽管如此，这项技术的发展之快依然超乎众多人的想象，企业需要抓紧行动起来。当技术能够更好地理解人类时，

杜保洛（Paul Daugherty）
埃森哲首席技术和创新官

亚当·波顿（Adam Burden）
埃森哲全球副总裁、全球创新主管

迈克尔·比尔茨（Michael Biltz）
埃森哲董事总经理、《技术展望》报告主管

业务垂询：contactus@accenture.com

中国企业
数字化的六年

文 韩舒淋、吴俊宇

编辑 马克

提要: 六份埃森哲《中国企业数字化转型指数》报告, 记录六年中国企业数字化历程。

情虽已结束, 但市场不会简单地回到从前, 只有重塑增长, 才能实现高质量增长。

数字化转型, 是2018年以来贯穿中国企业发展的核心主题之一。

2020年之前, 两化 (工业化、信息化) 融合、工业4.0、工业互联网、智能制造等各种与数字化转型相关的讨论此起彼伏, 不同背景的企业, 都希望在这个大潮中成为弄潮儿。

2020年突发的疫情, 从两个方面赋予了数字化转型新含义。一方面, 剧烈变化并不断承压的市场环境, 考验着企业继续数字化投入的定力和韧性; 另一方面, 此前种种的数字化转型探索逐渐开始去伪存真, 企业越来越多地开始思考什么是"真正有价值的数字化投入"。

投入, 可能没有回报; 不投入, 可能被时代抛弃。

有一些趋势始终是确定的, 数字化技术的发展和应用, 重塑了企业的管理、经营和商业生态。IT和OT的融合, 则是大量实体企业正在发生的深刻变革。梳理流程、降本增效、加强管理、促进研发、激励创新, 是许多企业在抉择数字化转型投入时希望达成的效果。

也有一些泡沫逐渐破灭, 我们看到一些互联网科技公司曾试图将消费互联网的成功经验复制到企业端, 却发现困难重重; 我们也看到一些实体企业巨头, 试图搭建工业互联网平台, 将自身的经验卖给其他企业, 迄今也没有典型的成功案例。归根结底, 千差万别的企业需求, 让一家企业的经验, 很难规模化地复制到别的企业。**数字化转型是大浪潮、大趋势, 但也需要步步为营、久久为功, 很难一蹴而就。**

本文从2018年开始, 挑选每年的一个关键词, 总结六年 (2018—2013年) 中国企业数字化转型的经验教训, 记录中国企业的数字化转型进程。

2018年："一把手工程"

2018年9月，埃森哲首次发布《中国企业数字化转型指数报告》，指出数字化转型不是简单的数字基础设施和软硬件的部署，而是一个系统工程。它涉及企业的发展理念、企业文化、组织架构、公司治理、业务流程等方方面面，必须协同化推进，若没有高层领导参与，数字化转型将举步维艰。数字化转型要想成功，必须是"一把手工程"。

所谓"一把手工程"，并不仅是强调数字化转型需要一把手重视，更关键的是理解这一转型的内在逻辑。数字化转型与流程重塑、跨部门打通数据密不可分，单靠IT部门去推进，往往事倍功半。数字化转型既不只是用上ERP、CRM等信息系统软件，也不只是搭建一个物联网系统，打造一个数字化看板。业务流程重塑，打破数据孤岛，统一数据标准，如果不启动这些更深层的变革，数字化就只会流于表面。

案例解读

2018年，家电巨头美的集团的董事长方洪波开启了他的第三个董事长任期。自2012年执掌美的伊始，他就大刀阔斧地进行改革，精简了美的的产品品类，关掉了30多个与家电主业无关和低毛利的业务，这让美的当年的营收从2011年的1341亿元下降23.5%至1026亿元。

但2012年也是美的数字化转型的起点。这一年，美的开始全面重构集团IT系统，开启"632"战略：在集团层面打造6大运营系统、3大管理平台、2大门户网站和集成技术平台。美的希望通过打造"632"，构建集团级的业务流程，集团级的主数据管理以及集团级的IT系统，其目标可以用"三个一"来概括：一个美的，一个体系，一个标准。

砍掉300多亿营收的多元化业务，以及开启数字化转型"632"战略，是方洪波执掌美的之初最重要的两大变革。两者虽然是不同方向的动作，但背后也有一致的逻辑：加强对公司的精细化管理。

在方洪波的一手推动下，过去十年美的数字化投入超过170亿元。2022年，美的营收和净利润分别增长至3458亿元和296亿元，数字化转型的作用功不可没。

六年来的实践表明，对于任何企业的数字化转型，"一把手工程"都是永不过时的关键词。但并非需要企业领导事事亲力亲为，"垂帘听政"也是实施"一把手工程"的有效方式，即一把手明确宣示数字化转型的战略意义，然后授权其他高管台前主抓，遇到难解问题时自己随时卷帘而出。

2019年：数字化外溢

数字化外溢是一种领先企业逐渐对外输出自己数字化能力的现象。2019年是中国大型科技、制造企业集体谋求数字化能力外溢的一年。

试图输出数字化能力的企业分为三类：一是互联网巨头，如阿里、腾讯、百度、京东；二是ICT硬件企业，如华为、联想；三是制造类企业，如美的、海尔、三一集团、中国航天科工。这三类企业，数字化外溢的背景和逻辑各不相同。

互联网巨头的数字化外溢，是为了寻找新的增长点，也是政策方的期待。因此，他们的业务重点从"移动互联网"转向"产业数字化"，通过IT基础设施的外溢和管理理念及方法的外溢，为产业（金融、制

造、电信、服务、汽车等）提供数字化能力，帮助政府或公共部门实现数字化管理，从而推动产业再平衡。

ICT企业的数字化外溢是客户需求倒逼的结果。 例如，华为过去擅长销售服务器、存储、网络等ICT硬件产品。这些硬件不需要华为亲自下场服务客户，只需要合作伙伴负责分销、部署、运维。但随着企业数字化转型的需求升级，企业客户需要一揽子的"软件+硬件+服务"解决方案，华为意识到必须亲自下场理解客户的业务场景。

制造类企业的数字化外溢，目的是服务同类企业的同类需求。 制造类企业普遍成立了独立的数字化子公司，其中包括美的（美云智数）、海尔（卡奥斯）、三一集团（树根互联）、中国航天科工（航天云网）等。制造企业集团普遍期望把自己的数字化成本

中心变成收入中心。他们对数字化子公司的要求是，在服务母公司的同时能获取外部客户，在市场上独立生存。

今天回头看2019年，上述三类企业都以"赋能者"视角去理解各个行业的需求方，对中国数字化市场的预期都过于乐观。之后几年，这种乐观预期逐渐被现实打破，因为每个行业都有自己的独特性。供给方希望给需求方提供标准化产品，实现规模化盈利；需求方则希望供给方深入自己的业务场景，提供个性化的产品服务。

五年来，供给与需求匹配度不足始终是中国数字化市场的深层挑战，但五年来供需双方对数字化的理解也在不断对齐。在这个过程中，中国企业的数字化整体水平持续提升。

2020年: 韧性

2020年，受疫情影响，全球制造业供应链出现严重危机，其影响持续至今，供应链安全成为企业和政府关心的焦点问题。

疫情防控带来市场环境突变，此时数字化基础设施好的企业应对得普遍更好，体现出更强的韧性。此外，市场形势的变化也考验着企业的数字化投入决心。

疫情暴发之初，人员和物流被阻断，居家办公成为常态，线上会议软件迎来大发展。而对制造业来说，物联网技术基础好的企业，就能提供远程运维，帮助减少损失、渡过难关。并且，数字化基础设施还能帮助企业在剧变的环境中掌握供应链和市场情况，快速做出决策，这一点更有价值。

剧变之下，数字化水平的差异决定了业务能否正常运作，这首先体现在供应链协同上。美的与供应商之间有供应商协同系统，由美的主导建设，美的与上下游的发货、零部件采购都通过数字化系统直接完成，不需要当面沟通，日常的管理逻辑已经沉淀到系统上。在这套系统支持下，当某一家供应商出现问题，可以立刻在系统中调整生产比例，安排其他厂家生产。

疫情不断变化，哪些市场恢复得比较快，消费者对产品的需求是否有改变，库存、排产能否跟上，零部件的供应能否迅速调整？这些都需要用数据来支撑决策，而这种基于数据的决策，也会进一步减少对人工的依赖。此时，美的多年的数字化积累发挥了关键作用。

疫情考验之下，数字化基础更好的企业，在剧变的市场环境中韧性更强，这又推动了这些企业进一步加强数字化投入。而对很多中小企业来说，活着是第一要务，数字化投入无法短期见效，这方面的预算也被砍掉。疫情还导致很多企业将数字化投入转变为更加务实的"小步快走"模式。

埃森哲《2020年中国企业数字化转型指数》研究报告也发现，韧性是数字化领军企业应对疫情大考时体现出来的关键能力。数字化领军企业依靠实时数据分析预测未来走向，先于市场实现预判和预警，同时从销售端到生产端再到供应端全链打通数据，实现上下游高度协同，从而根据市场需求快速调整供给。这些企业内部流程的标准化，以及人机协同的智能化，也保证了他们运维的稳定性。

2021年：分水岭

《2021埃森哲中国企业数字化转型指数》研究报告发现，从2018年到2021年，数字化转型领军企业的优势持续扩大，其他企业则由于战略部署落后、基础薄弱、组织架构不合理、人才不足等因素，往往采取小修小补的方式部署数字化，难以充分挖掘数字化价值。

疫情之下，数字化转型的差距放大了企业经营能力的差距。埃森哲调研了数百家上市公司后发现，2021年数字化领军企业的营收增幅是其他企业的3.7倍，在2016年至2019年的平均值则为1.4倍。

案例解读

瑞幸目前是中国市场营收规模最大的咖啡连锁企业。2021年，依靠强劲的数字化能力，瑞幸不仅在危机中稳住了阵脚，还与同行拉开了差距。

作为一家2017年成立的创业公司，瑞幸几乎所有的业务、管理，都靠数据驱动——这涉及产品研发、门店选址、供应链采购、营销自动化、门店设备物联网管理等各个方面。

得益于数据驱动的产品创新机制，瑞幸可以源源不断地推出新口味的咖啡，进而依据周复购率留下消费者欢迎的口味。同样，复杂多样的口味需要匹配精细化的供应链管理。2021年瑞幸门店总数突破6000家，这些门店都部署在瑞幸自研的智能化门店管理系统上。瑞幸各门店需要预测销售情况提前备货，该公司基于算法的自动补货系统完成了这个任务。

2021年瑞幸营收79.7亿元，同比增长97.5%，营收规模超过了中国市场上所有其他连锁咖啡上市公司。当年，同行营收增速普遍在20%~30%之间。2021年之后，瑞幸的营收、利润增长水平继续提升，2022成功盈利，巩固了在中国市场的领先地位。

埃森哲全球副总裁、大中华区主席朱虹在《2021年中国企业数字化转型指数》发布论坛上指出，企业、行业间的数字化转型分水岭正在形成。凭借着更高的数字化成熟度，领军企业进一步扩大了竞争优势，在疫情后实现了增长提速，并着眼实现突破性创新增长。

朱虹表示，各行业间的转型意愿和投入差异，直接体现在了企业绩效上。如零售行业，面对消费行为与消费意愿的新变化，数字化能力已成为其"破局之道"，零售行业也由此跻身数字化成熟度的第一梯队。而化工、建材、冶金等行业，在不确定的全球供应链网络以及控制成本的压力下，止步不前，减少了数字化投入。

2022年：审慎务实

数字化转型是一个长期的、不断深入的过程，与它相关的热门概念层出不穷，两化融合、工业4.0、工业互联网、智能制造等概念都引起过热议。概念推陈出新的背后，是数字化转型的不断深入。经历了疫情考验之后，企业在数字化转型的投入上越来越审慎务实。

2022年的市场环境颇为特殊，世界经济在经历了疫情冲击之后逐渐复苏，被打断的供应链逐步恢复。但当年爆发的乌克兰危机又让全球市场遭受了新的冲击，能源价格不断高涨，全球经济形势承压。这样的大环境下，企业对数字化转型的投入也更加精打细算。

埃森哲《2022年中国企业数字化转型指数》报告显示，中国企业对数字化转型的投资更加精细化，八成企业关注数字化项目的直接财务回报，同比上升28%。这些企业希望通过数字化的"精耕细作"，在不确定的大环境中获得"看得见"的回报。此外，在前两年中国企业数字化投资决策出现分化之后，中国企业的数字化转型指数得分首次下降，平均分从2021年的54分，降低至52分（见图一）。

图一 2018—2022年中国企业数字化转型指数得分

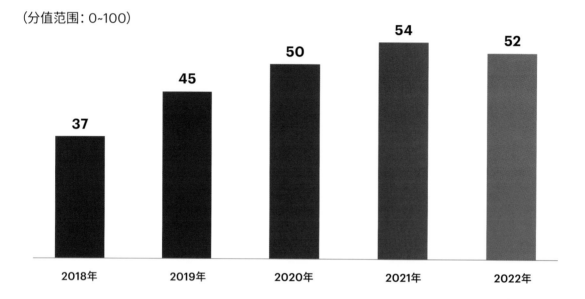

（分值范围：0~100）

数据来源：埃森哲商业研究院。

埃森哲指出，充满高度不确定性的世界经济环境是中国企业面临的重大挑战，这些不确定因素使得"粗放式"的数字化转型方式失效，企业多方探索、广泛试错的窗口期被大大压缩。面对外部压力，大部分中国企业希望加码数字化投资以实现存续和跨越，但部署数字化投资却越来越审慎。平稳持续地获得数字化投资回报，成为中国企业的主流想法。

2023年：重塑增长

2023年，三年疫情结束，企业日常生产经营活动恢复，经历三年疫情考验，很多企业都具备了数字化韧性，恢复疫情前的高速增长成为普遍的市场预期。但是，市场不会简单地回到从前，只有重塑增长，才能实现高质量增长。

案例解读

中信泰富特钢和美的集团是重塑增长的两家代表性企业。

2023年是中国钢铁行业极限承压的一年，但中信泰富特钢依靠前期的数字化转型积淀，在研发设计、安全生产、经营管控、环保节能等各个环节都利用数字化技术做了重塑，其营收和利润增速都跑赢了大盘。

例如，在成本控制方面，这家公司建立了数字化采购系统，精细化提高采购质量、合理控制库存。其生产系统按照市场成本优化配煤配矿，让整体铁水成本得到了最优控制。在业务革新方面，数字化转型让中信泰富特钢具备柔性、小批量生产能力，能根据市场需求及时调整产品供给。

而十年投入170多亿元之后，美的仍在持续以每年近30亿元的资金投入数字化中，其投入核心是人才。如今，美的集团建成了统一的数字化底座，成立了两个研究机构，一个是集团AI创新中心，一个是软件工程院。这两个研究机构承担开发数字化底座和数字化技术的职能。

2022年初，美的制定了"数字美的2025规划"。到2025年，衡量美的集团数字化转型水平有五个标准——业务数字化：实现全价值链100%数字化运营；数据业务化：用户视角，数字驱动，达到高科技行业的标准；数字技术：建立核心技术能力，保持行业领先优势；智能家居：全球智能家居行业首选；数字创新：数字技术融入产品和服务，数字化支撑商业模式创新。

到2023年末，中国政府提出"双碳"目标已逾三年。越来越多的企业，尤其是大型工业企业意识到，这一目标并非遥远的口号，而是自己不得不做的事情。对依赖国际市场的企业而言，产品中的排碳量，将直接影响企业的竞争力。

在2023年12月发表的一篇文章中，埃森哲专家表示，数字化企业能有效管理脱碳过程中的复杂性、成本和速度。低碳经济和生成式人工智能（GenAI）将对员工技能提出新要求，组织需要调整团队技能结构，以确保员工具备适应未来需求的能力。

GenAI无疑是2023年全球最大的技术热点。埃森哲2023年11月在中国做了一次高管调研。94%的受访高管认为GenAI具有变革性意义，但只有20%的受访高管表示已开始对此大幅投入。60%的受访高管认为能否找到正确的数据策略是应用GenAI时的最大挑战。其他挑战包括：坚实的云基础（46%）、人才短缺（26%）、数据准确性（24%）等。

无论如何，今天谈数字化转型已不可能回避GenAI。但对需求方而言，技术只是工具。数字化还是智能化，这两个概念本质上没有区别。两者都是把新技术融入企业的组织管理和业务流程之中，最终目标都是增效降本、加速创新，提升生产力。企业无须为GenAI而焦虑，理解新技术、使用新技术，这就是拥抱未来的最佳方式。 ◢

将数字化战略深入到企业生产经营的各个环节，有计划地对全价值链进行系统的改造，是这两家企业的共同特点。这种战略眼光并不局限在财务指标上，但企业的财务表现却顺其自然地水涨船高。

埃森哲在《2023中国企业数字化转型指数》报告中指出，积极投入全面重塑战略的企业，能够形成更广泛和坚实的整体合力，在财务维度、技术回报和360°价值维度上均能脱颖而出。同时，重塑者创造的价值已远远超越财务层面。他们会更加积极地兼顾多方利益相关者，全方位创造价值，致力于创造长期和可持续的价值。

本文为埃森哲中国企业数字化转型指数研究小组与《财经》旗下微信公众号"财经十一人"共同撰写。

提要：五大未来趋势，重构人类生活，并在变幻之境为企业指明增长方向。

未来生活趋势2024

文 马克·柯蒂斯、凯蒂·伯克、阿妮塔·比约恩加、
尼克·德拉·马雷、亚历山大·纳雷西

各种各样的因素连接着我们和我们的生活方式，这些因素直接影响着我们的思维、互动方式以及对周遭世界的感受。无论是从促进消费、维护权威、推进文化还是从共享信息等方面看来，组织都是构建经济体系的重要组成部分。

我们与这些影响因素之间的关系无疑是脆弱的，因为它们无时无刻不在发生变化：有的在兴起，有的在衰退，有的则在顺应，这些都对我们的生活具有重要意义。社会也因此日新月异，人们正试图通过解构一切，来弄清自己在这个世界上所扮演的角色——这也是2024年埃森哲《未来生活趋势》报告的核心思想。

身处变幻之境，
企业何以前行？

趋势一: 爱去哪儿了

企业缩减开支,导致他们不再奉行"客户至上"理念,消费者也察觉到了这一点。

多年来,客户体验与营收增长之间的强关联,激励着企业将客户置于每项决策的核心。然而,经济下行正迫使很多企业削减开支,他们在有关产品服务价值,选项的丰富性、便利性,以及客户自主性方面的承诺似乎都在不断降级。

此举加剧了客户与企业的摩擦,无论是产品上的"减量不减价",还是服务上的"减质不减价",人们看到品牌正悄然地抛弃曾经的承诺,并真切感受到此举对其消费和生活质量的影响,有些人甚至觉得受到了伤害,同时也对此困惑不解,不久之前还如此重要的品牌关爱都去哪了?

为了重新激发客户的忠诚度,企业的发力点须回归关注客户体验,以此作为业务增长的路径。企业应在服务、营销和设计等方面竭尽全力为客户提供始终如一的价值。此外,企业需要在发展的道路上识别和消除消费者不满的突破口,回归到营销的4P要素(价格Price、产品Product、促销Promotion、渠道Place)中找到新的平衡。

下一步的思考

01 企业在营销漏斗中的各个接触点上降低客户体验标准,是否会危及客户信任、转化率和长期忠诚度?

02 企业能否在全组织范围内,就如何使顾客青睐并长期购买企业的产品达成共识?

03 企业如何在可能有损服务和质量的成本削减措施和长期的客户关系中取舍与平衡?

下一步的行动

01 企业需要探索生成式人工智能(GenAI)的潜力,以此作为长期解决方案,创造更有意义的客户体验。

02 企业需要评估自身品牌的"客户宽容度",明确顾客在多大程度上愿意忽略和原谅品牌的负面体验。

03 企业需要在响应系统中加入情感反馈,并明确可以利用哪些工具来跟踪客户情绪的变化。

趋势二：交互的巨变

生成式人工智能正将人们对互联网的体验从事务型转变为个性化，使我们比以往任何时候都感受到自己被品牌所理解，并与其建立关联性。

生成式人工智能的出现，不但将互联网从信息化升级为智能化，也将我们的互联网体验从事务型升级为个性化。大语言模型（LLM）为我们带来的这种全新交互界面，使我们与周围世界的关系发生了重大转变。通过对话，我们可以用新的方式引导机器，机器也可以更细致地解读我们的意图，这代表了新的互联网搜索方式：从"我想要一种……"跨越至"我想要的正是……"，体验颠覆，正在来袭。

客户和企业双方都可从中获益：客户将感到企业比以往更理解自己；企业则可借由更深入的客户理解来打造高度相关的产品、服务和体验，聪明的企业品牌将更进一步，敏锐地响应消费者的各种需求。

下一步的思考

01 从搜索到反馈，再到服务，所有数字化界面共同存在的用户痛点，将成为品牌和平台的机会空间。

02 您希望引领创建一种全新的界面范本，还是等待他人完成这一任务？您的数据是否已经完善？

03 随着生态系统将生成式人工智能集成到日常界面交互中，用户对品牌体验的期望会在多快时间内发生变化？

下一步的行动

01 企业需要全面审视已拥有的数据，如果基于这些数据构建大语言模型，将创造出什么样的独特价值？

02 企业需要立即行动，但同时谨记，这不仅仅是一项技术上的创新。人们的行为模式和期望将产生快速而明显的变化，需要企业尽快适应，做出相应的业务转变。

03 将企业掌握的方法和专业知识推广到企业核心团队中，而不是将其隔离在一个单独的"创新"小组中。

04 企业需要组织并规划无缝的客户互动，通过对话式的界面将营销、销售和服务的流程统一起来。

趋势三：额，无聊

创意曾经以受众为中心，现在却只能依赖于各种眼花缭乱的技术，内容本身变得乏味平庸，这就是所谓的"创意停滞"吗？

观众感到乏味，创作者也是如此，很多品牌似乎已经失去了想象力。内容如此之多，但优秀作品难以被发现，曾经的标新立异也让人们觉得司空见惯。

如今，创意受限于企业"效率至上"的观念，但效率往往与创造力背道而驰，过度追求效率会导致我们的驱动力源于数据而非想象力，其结果就是低质量的创意作品层出不穷。

创意也囿于技术，似乎只有技术可以决定哪些内容能火，哪些内容能触达受众。技术模板和算法限制了创造性产出，设计师的想法要迎合算法或遵循特定技术模板，而非观众。

未来，人们仍将求新求变，也仍乐于创造。因此，所有品牌都需要再次坚信：创造力能够激发企业与消费者产生情感共鸣，从而助推企业在竞争中脱颖而出。企业必须给创意人员提供充足的预算、时间和机会，使他们重新专注于增强技能，学习如何最有效地利用技术创造积极成果。

四大创作原则

为"疯狂"留出预算

想要推动创造力的产生，意味着给创意人员留足时间，让他们进行构思、尝试、开发和测试。创造力是昂贵的，但它的回报将体现在产品或服务的丰富性上。从本质上来说，品牌代表着企业对消费者的承诺，创意工作可以帮助企业实现这些承诺，并在市场中占据一席之地。爱彼迎正是遵循该理念的典型品牌，该公司不再以销售为中心进行营销活动，而是转变为品牌主导的公关活动。[1]

与"风险"做朋友

有效的创意往往缺乏效率，许多品牌为了速度而牺牲了品质。重新引入对工艺、创意、乐趣和细节的关注，将为品牌带来利润。宝洁公司的首席品牌官毕瑞哲（Marc Pritchard）在讨论经济衰退时期的广告宣传时指出，"我们持续面临周围

---

1. https://www.marketingweek.com/airbnb-earn-ings-surge-effective-marketing-spend/。

世界的冲击，因此，我们比以往任何时候都更有必要加倍投入在核心的工作上，着眼作为人类共同体的优先事项与责任，尤其关键的是，投资于这个行业独特的一项超级能力——通过创造力推动增长。"[2]

打破技术模板

随着具有创造性的生成式人工智能得到广泛使用，很可能会加剧设计输出模式化的问题。为了避免因追求效率而循环利用内容的情况，经验丰富的创意人员必须参与到生成式人工智能的创作过程中，因为创意能力欠缺的技术专家或许能够制作一些质量尚可的作品，但无法交付真正具有突破性的创意内容。

了解你自己

最后，对自身品牌的深刻理解使企业能够承担创造性风险、尝试新事物，并关注正确的衡量指标（而非所有指标）。因此，在制定预算、决定应承担哪些风险之前，需要清楚地了解自身品牌的身份和文化。

下一步的思考

01 企业是否正以技术为导向进行创作？目前使用的衡量指标是否有效？

02 企业如何在坚持品牌身份与定位的同时，变得锐意果敢、与众不同？

03 面对浩瀚的内容海洋，用户已经审美疲劳，如何使自身品牌从中脱颖而出？

下一步的行动

01 在产品或服务创新、品牌与营销、设计、内容等方面，企业需要重新关注并积极倡导"创意为王"。

02 企业需要合理利用前沿和新兴工具来拓展创作能力，而不是将内容创作全部交给技术完成，产出平庸之作。

03 确保生成式人工智能不会成为批量生成的雷同作品的始作俑者。

---

2. https://www.marketingweek.com/pg-marketers-creativi-ty-inflation/。

趋势四：人类无法承受之"重"

技术似乎正在席卷我们的生活，而不是为我们所用——是不是当我们重新掌控技术对日常生活的主导权，才是转变的开始？

当下正是人类与技术互动的关键时期。要想从创新技术中受益，人们要保持一定水平的数字素养，持续学习新知识，适应快速的变化。不仅如此，由于技术的发展引发了一系列社会问题，人们还必须承担自我管理的责任，努力避免技术对身心健康产生的负面影响，掌控自己与技术的关系。

有超过三成（31%）的受访者表示，连续不断的通知提示音让他们"闻声色变"；有27%的受访者认为，算法提供的精准内容推送让他们没有安全感；另有27%的受访者则厌倦了无休止地滑动屏幕浏览。

因此，科技行业以及其他相关组织都应该将他们的责任从合规升级为关怀，努力为人类的福祉做出积极贡献，而不是耗尽资源。企业必须在运用技术时多加思考，如何使其在人们的生活中找到合适的一席之地，以及因此将带来哪些要求，是投入时间，还是学习新技能？若能在如何使用（或不使用）技术互动方面提供更多选择，帮助客户重获迫切期待的掌控权，企业品牌就将成为深受他们信赖的伙伴。

下一步的思考

01 新技术是减轻了工作量，还是给客户和员工增添了额外的精神负担？

02 技术创新突飞猛进，企业需要快速做出应对决策，但由于道德考量往往滞后于新的技术浪潮，企业必须谨慎，因为这些决策将对企业自身和整体社会产生长远影响。

03 在积极拥抱技术变革的人群与无法跟上或不愿追随的人群之间，出现了新的数字鸿沟，企业该如何应对？

下一步的行动

01 随着技术对身心健康的影响被提上了议程，企业需要自查，规避声誉风险。

02 在企业能力范围内，尽量简化流程中由技术引发的摩擦。

03 对技术进行升级或采用全新技术时，企业需要格外小心，避免对员工和客户造成影响。不应让人们来顺应技术，而是让企业和技术努力顺应他们。

趋势五：打破范式的新时代

传统的生活方式正因新的机遇、需求和限制而改变，人口结构也发生了显著改变。

过去，人生的轨迹清晰可见，某些因素和成就的叠加，大概率就能打造一个成功的人生。现在，无论是出于必然性还是偶然性，有意还是无意，我们开始质疑曾经被认为是理所当然的一切，挑战长期以来被普遍接受的观念，同时打造出新的思维模式、新的行为方式和新的人生轨迹。随着宏观环境的快速变化以及技术力量的迅速崛起，目前的社会体系难以跟上时代变化的步伐。打破范式、推陈出新的未来似乎已然开始，这对社会体系和服务的影响将是深远的。

下一步的思考

01 不断改变的人生目标、不断缩短的人生规划周期、持续改变的生活方式，会如何影响人们对产品和服务的需求，以及企业的产品和服务的相关性？

02 当人们重新思考人生大事，如买房、结婚、生育时，这会怎样影响他们的消费能力，以及他们与您所代表品牌的交易意愿？

03 随着人生规划的周期缩短，企业的营销活动及新产品发布的时间安排会受到什么影响？

下一步的行动

01 重新审视市场研究信息、用户旅程和客户心态，从而了解目标人群新的优先事项和人生目标，并基于数据来调整营销策略。

02 确保品牌信息与产品和服务保持一致，并有足够的敏捷性，以适应不断变化的消费格局。

03 随着消费者行为和需求的演变，企业调整与他们的互动方式、紧跟他们的步伐至关重要。

身处变幻之境，无论是公民、员工，还是客户，人们都期望品牌帮助他们了解新的情况、提供支持、为他们赋能。因此，能以生活为中心的方法，灵活适应、突破常规、打造无缝体验并支持人们独辟蹊径的企业，将与不断演进的消费者紧密相随。

马克·柯蒂斯（Mark Curtis）
埃森哲Song事业部全球可持续业务和思想领导力负责人

凯蒂·伯克（Katie Burke）
埃森哲Song事业部全球思想领导力负责人

阿妮塔·比约恩加（Agneta Björnsjö）
埃森哲Song事业部全球商业研究院负责人

尼克·德·拉·马雷（Nick de la Mare）
埃森哲Song事业部北美区设计负责人

亚历山大·纳雷西（Alexandre Naressi）
埃森哲Song事业部董事总经理、全球研发负责人

业务垂询：contactus@accenture.com

提要：企业应当在满足传统目标的基础上，进一步打造可持续的供应链，并通过探索新的业务模式，推动企业可持续发展。

打造企业绿色供应链的三个关键

文 潘峥、姚佳蕾、温光盛、李永民

世界经济论坛2023年年会发布的《联合国全球契约组织——埃森哲联合CEO调研》揭示，供应链已经成为企业实现可持续发展的关键议题。约半数（49%）受访CEO坦承，气候变化及极端天气事件频发对企业供应链产生负面影响。近三成（26%）受访CEO表示，供应链中断已成为企业低碳转型的前三大风险之一。[1]

挑战固然严峻，却也孕育着巨大的机遇。供应链对企业向低碳和净零转型、推进可持续议程具有关键性作用。如果企业能够建立可持续的"绿色"供应链，在业务经营和组织运营的各个环节有效嵌入环境、社会和公司治理（ESG）考量，"强链补链"不仅有望助力企业占据先机，还可以成为一股强大的至善之力。埃森哲认为，围绕打造可持续供应链，企业应该聚焦净零、循环和信任三大关键点进行发力。

---

1. 第12次《联合国全球契约组织——埃森哲联合CEO调研报告》，2023年世界经济论坛年会。

可持续的供应链

净零

实现碳中和产品、生产和供应链

- 热能和电力脱碳
- 供需侧能源脱碳
- 低排放网络规划和物流
- 温室气体清除和补偿
- 闭环足迹可视性和优化
- 提高运营效率和资产能源最小化

循环

推动资源被高效利用的业务模式和生态系统

- 再利用/回收库存管理和集成
- 逆向物流/回收
- 资源高效的产品和服务设计
- 零废工厂和新的副产品创新

信任

确保客户和员工的信任、健康和福祉

- 道德采购和寻源
- 供应链端到端可追溯、可视化
- 价值链管理、管理社会风险和品牌自信度
- 政策、标准和平台支持
- 工厂透明度和责任
- 工业工人健康、安全和环境（HSE）、福利和数字责任

企业生产和运营供应链

创新

产品

研发

工程

寻源采购

计划

建造

生产

运营

履约

售后和服务运营

资源回收

资料来源：埃森哲分析。

关键一：通过整合碳中和产品、生产和供应链实现净零

范围1
企业拥有或控制设施的直接排放

范围2
企业购买或获得的能源产生的间接排放

范围3
来自企业供应链上游和下游的间接排放

以始为终，企业实现净零，其中很大一部分是解决范围3排放的问题。平均而言，范围3排放（来自企业运营上游和下游的间接排放）比范围1和范围2的总和大11.4倍。[2] 供应链运营通常占这些排放的绝大多数，但企业必须为了达成净零目标而努力，不能满足于仅仅停止产生负面影响的活动，而是需要在企业供应链的各个节点创造价值，在其内部运营以及供应链的上游和下游减少范围1、2和3的碳排放[3]（见图一）。

图一 企业需要在供应链的各个节点创造价值

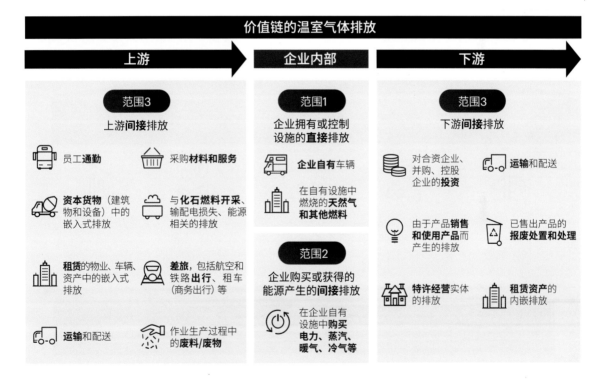

资料来源：埃森哲分析，图中列出的是部分主要的排放来源，非穷尽。

---

2. "Visibility into scope 3 emissions in supply chain"，埃森哲，2022年。

3. "Visibility into scope 3 emissions in supply chain"，埃森哲，2022年。

在范围3中，具备"n层"供应网络的能见度对可持续供应链具有重要的战略意义。因为在具有复杂供应网络及地理区位的供应链中，有近三分之二的上游排放量不在一级供应商的供应节点产生，而且在所有行业中，接近半数行业的上游主要排放热点与其一级供应商的供应节点代表的热点并不相同。同时供应链的地理足迹也很重要，它会显著影响企业的实际上游排放量。[4]

企业应该重新构建净零导向供应链，对供应链中不同层级节点进行详细分析，判断主要排放源，此类分析为解决影响最重大领域的行动计划奠定了基础，通过从分析中不断寻求解决方案，使企业的运营转向"净零模式"。

埃森哲认为，五大举措对推动企业运营实现净零碳排放至关重要（见图二）。第一，提倡热能和电力脱碳，企业需优先考虑整个供应链的脱碳杠杆，部署可再生能源、建筑能源管理等解决方案。第二，低排放网络规划和物流，优化物流运输网络，整合路线和运输，向可再生能源驱动的电动/新能源汽车过渡。第三，投资温室气体清除和补偿，企业需通过碳抵消和碳封存来补偿排放并分析长期投资回报。第四，闭环足迹可视性和优化，评估低碳或替代原材料的潜力并优化产品特性和设计。第五，提高企业整体运营效率和资产能源最小化，企业需要理解其全供应链现状，并提出解决方案以提高整个业务运营的能效和流程效率。

图二 五大举措推动企业运营实现净零碳排放

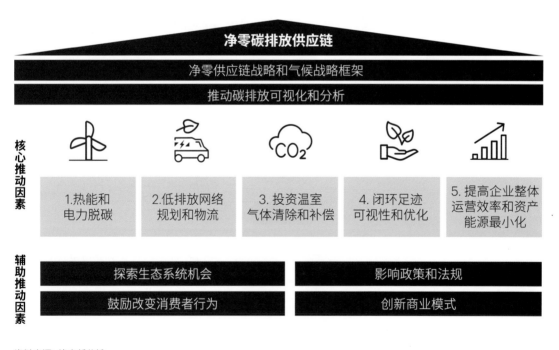

资料来源：埃森哲分析。

4. "Visibility into scope 3 emissions in supply chain"，埃森哲，2022年。

案例解读

某全球领先的电信公司新能源汽车零碳运输转型

　　一家全球领先的电信公司想了解其商用车队如何发展才能实现减排目标。为了支持其中期业务规划，该公司需要借助工具来估算各种车队脱碳途径的资本投资和运营成本影响。

　　埃森哲帮助该公司绘制了详细排放图景，总结了碳目标、排放趋势和整个公司利益相关者的重要见解。结合对低碳汽车（以新能源汽车为重点）公私配套基础设施、关键政策、监管因素等的前瞻分析，埃森哲开发了一个场景建模工具，以模拟在不同外部市场条件下，相对于现有的车队更换周期，电动汽车的部署率如何影响企业的碳足迹

和资本/运营成本（包含车辆市场价格、政府补助、燃料/电力价格等）。基于情景模拟结果，埃森哲为该公司构建了新能源汽车车队的过渡实施路线图。该方案获得了公司董事会的认可，为期十年的车队转型商业计划获批通过，推进该公司向零碳运输的目标迈出坚实的一步。

关键二：通过推动资源友好型商业模式和生态系统实现循环

循环原则和循环经济模式被普遍认为是企业提高可持续能力的重要手段，意味着超越传统方式制造产品以供单一用途。循环模式不仅有助于资源的持久利用和环境的持续良好，更能够帮助企业切实提升盈利能力并实现利润增长。数字技术的蓬勃发展帮助企业持续改进和提高循环生产模式，使得各行业企业都能够越来越便捷地实现资源的规模化循环利用。

毋庸置疑，线性经济无法有效解决全球正面临的诸多挑战，只有循环经济才能促使供应链转变成减少浪费和持续循环的全新模式。循环经济意味着重新思考和转变全供应链，使企业的增长与其资源的消耗脱钩。

埃森哲认为，循环的核心理念是通过打造新型业务模式和生态系统，实现资源的高效利用。企业可以通过一系列举措来推动循环系统转型，包括再利用/回收库存管理和集成、逆向物流/回收、零废工厂和新的副产品创新、资源高效的产品和服务设计等。

案例解读

某全球领先饮料公司包装循环经济战略转型

某全球领先的饮料公司希望从声誉、成本和环境角度出发，更好地了解他们如何能够增加包装中的可回收成分，并通过增加回收率来推动循环经济。

埃森哲详细了解了该公司当前的包装基准，评估了当前的回收成分和包装组合，以及可回收产品的市场表现。然后，与该公司采购和创新部门合作，为整个业务制定了到2025年的目标，包括审视当前的活动，以增加可回收成分、轻量化当前包装和推动循环经济。埃森哲使用可持续的评估方法，结合包装战略相关的风险价值，从成本节降、收入增长、风控和声誉管理四大维度进行了综合评估。

新的包装循环经济战略将帮助该公司通过减少包装原材料的使用和增加可循环材料，来降低包装成本，并增进对日益增长的包装法规的风险洞察，比如企业资源计划系统（ERP）和中央数据系统（CDS），进而在减少消费后垃圾的同时提高企业声誉。跨职能团队（包括跨供应链利益相关者，如供应商、内部采购和零售商）现在正按照可行的实施路径来实现这些目标。

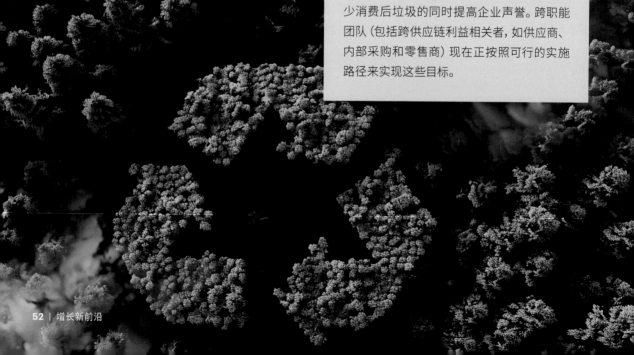

关键三：通过减轻对环境和社会的负面影响建立信任

信任不仅仅是对社会事件的简单风险管理，也涉及使用数字技术（如供应链分析）评估与利益相关者的信任关系。在信息高度透明且实时流动的当下，企业建立并维持在社会公众层面的信任至关重要。数字化可以帮助企业在负面事件发生之前预警并预防。

在充满不确定的当下，企业如果想赢得外界的信任，可以对以下几点关键因素进行优化和改善：道德采购和寻源；供应链端到端可追溯、可视化；供应链管理、管理社会风险和品牌自信度；政策、标准和平台支持；工厂透明度和责任；工业工人健康、安全和环境（HSE）、福利和数字责任等。企业在实施每一项优化时，都需要嵌入"可持续""责任"等理念。

不同于一般只关注企业的收入增加、成本节降以及风险控制等传统的供应链，可持续的绿色供应链则把目标聚焦于"净零""循环"和"信任"。企业可以从组织发展战略出发，在整体业务战略的框架下，结合前述三大关键事项，通过业务运营的创新进行"试跑"，并借助相应的技术平台，快速把可持续发展的理念转变为切实可行的实施路径，从而把企业的供应链重塑成为一条价值链，释放商业潜力，引领企业持续发展和增长。

案例解读

某全球知名奢侈品企业向负责任的采购转型

某全球著名的奢侈品时装和皮具品牌设定了雄心勃勃的可持续发展目标。为实现承诺，该企业亟须建立可持续发展评估的监控能力，尤其是在对该企业来说尚属空白的采购领域，亟待快速建立负责任的采购能力，从而实现转型。

埃森哲从负责任的采购理念出发，为这家企业设计可持续发展KPI，利用SAP S/4 HANA供应链与运营数据，搭建自动化数据收集与持续KPI监控平台。利用该平台来改进供应商采购管理，建立端到端的材料可追溯性及绿色认证（比如天然材质、生态设计），从而向负责任的采购转型，同时也最大限度发挥了企业现有资源的价值。

潘峥
埃森哲大中华区战略与咨询董事总经理、
供应链与运营业务主管

姚佳蕾
埃森哲大中华区战略与咨询高级总监，
供应链与运营业务

温光盛
埃森哲大中华区战略与咨询经理，
供应链与运营业务

李永民
埃森哲大中华区战略与咨询经理，
供应链与运营业务

业务垂询：contactus@accenture.com

生成式人工智能
助力企业重塑

文 吴斯旻

提要: 埃森哲大中华区主席朱虹参加中国发展高层论坛2024年年会,分享关于生成式人工智能助力企业重塑的最新洞察。

以ChatGPT为代表的大模型问世,在全球掀起了新一轮人工智能热潮。在"言必称人工智能"的时代,企业家如何衡量生成式人工智能带来的收益和风险?面向通用人工智能的未来,各行各业又将迎来怎样的颠覆式改变?

近日,埃森哲发布了最新的全球企业高管调研结果。研究表明,随着生成式人工智能的发展,企业高管将技术列为推动商业环境快速变化的首要因素,并预计变化速度在2024年将进一步加快。

调研显示,尽管对技术前景普遍表示乐观,全球有近一半(47%)的受访企业表示,他们还没有为技术变革的加速做好准备,只有27%的受访企业认为已经准备好扩大生成式人工智能的应用规模,有44%的企业表示需要6个月以上的时间来做到这些。

"中国企业更敢于做'第一个吃螃蟹的人'。"埃森哲全球副总裁、大中华区主席朱虹近日在中国发展高层论坛2024年年会期间接受媒体专访时表示。中国企业"敢想能干",也看到了实践中的障碍,因此需要从企业重塑的角度出发,才能更好地弥合愿景和现实之间的差距。

朱虹同时表示,部分中国企业对人工智能的投资及应用相对零散。要想真正利用生成式人工智能发挥实际价值,短期内应该警惕人工智能市场的泡沫,避免盲目"追逐热点",同时真正将人工智能等新兴技术运用于企业整个价值链上,发挥技术和组织的协同效应,放眼中长期。此外,需应用和治理兼顾,以"负责任的人工智能"达成企业社会效益和生产效益的同步提升。

生成式人工智能将提高900种工作的产出效率

第一财经: 今年的中国发展高层论坛,人工智能无疑是一个高频热词。根据你们观察,随着ChatGPT、Sora等生成式人工智能应用的出现,本轮AI热潮对于不同行业的影响力与以往有何不同?

朱虹: 人工智能的内涵是广义的。我们认为生成式人工智能真正能够重塑大量的工作内容,前提是大规模运用可以带来生产力的显著提升。

埃森哲用全球颠覆指数来评估外部业务环境的波动和变化水平。该指数基于六个维度评分的平均值计算,涵盖经济、社会、消费者和技术等领域。技术因素在2022年排名第六,但是在2023年跃居第一,过去一年,技术颠覆指数就增长了88%。而这一年恰恰是AI大模型兴起的一年。

埃森哲观察到,2023年这一年,很多企业对生成式人工智能是这样的态度:先学习、试点、努力去挖掘这项技术的潜力,但是,在2024年,我们开始看到,有些企业已经开始向规模化应用、实现价值这个方向转变。

从生产效率的提升来看,据埃森哲测算,生成式人工智能将影响各行业四成的工作时间,提高900个不同类型工作的产出效率。

第一财经：你刚刚提到了生成式人工智能的大规模运用可以助力企业重塑。而根据埃森哲连续做了六年的《中国企业数字化转型指数》研究报告，只有2%的企业能被称为是重塑者。那么，企业应该如何投资科技，才能让科技进步给企业带来颠覆式改变？

朱虹：我们的调研显示：全球范围内，95%的高管相信，由于有了生成式人工智能，我们与数据互动的方式将发生变化。几乎所有的企业高管都认同，生成式人工智能是革命性的技术进步，但是该份调研同时显示，只有三分之一的企业已经在这个领域"大幅度"开展投资。

在生成式人工智能的大背景下进行企业重塑，我们认为，2024年企业需要更为系统地考虑和推进这件事，从自身业务战略、技术架构、数据应用、组织变革、人才培养等各个维度出发，关注整个价值链链条。对企业来说，在时间维度上，数字化转型和企业重塑不是一个仅仅持续几年的变革项目，它是一个持续的过程。

中国企业更热衷将生成式人工智能用于研发

第一财经：目前，生成式人工智能显著影响了哪些行业？在你们的客户中，他们主要倾向于将生成式人工智能运用于哪些业务领域？

朱虹：目前，人工智能在内容创建、编写代码等方面已得到了较多的应用，而通过大模型文本解析能力，还可以将非结构化的数据进行结构化处理，优化大数据分析能力。

基于前述生成式人工智能发展特征，从行业来说，我们观察到，对生成式人工智能的需求主要来自B2C行业，比如软件和平台、通信和媒体、消费品、零售和公共服务、金融服务（包括银行业、保险业和资本市场），以及工业和生命科学等B2B行业。

从使用的场景来看，我们服务的众多客户里，第一是市场营销、销售和客户服务，第二是一些行业特定解决方案，比如保险理赔、资产管理、零售等，第三是IT，比如一些应用开发，第四是知识管理领域。

第一财经：作为一家跨国咨询公司，结合你们在全球120多个国家为众多企业客户服务的实践经验，埃森哲服务的全球企业和中国企业，人工智能的应用场景和领域有哪些异同？

朱虹：我们调研了未来三年企业计划在哪些业务领域大规模投资生成式人工智能，发现了一个有意思的差别：从全球企业来看，排名前三位的选择是客户服务、销售营销、财务，但是对中国企业来说，排名前三位的是研发、供应链、客户服务。

"发展新质生产力"是中国2024年的政府工作重点，也是未来"十五五"规划基本思路研究重点。而新质生产力强调了颠覆性创新驱动。我认为在这个背景下，生成式人工智能可以弥补一些短板，加快新产品开发，在比较广阔的市场实践中进行商业化探索和落地。相比之下，海外市场上由于人工成本还是相对较高，所以"客户服务"是海外企业规划应用场景最多的领域。

埃森哲2023年下半年做了一个针对全球2000多位企业高管的调研，相对于全球企业，更多的（92%）的受访中国企业高管认为，生成式人工智能带来的更多是机遇，而非威胁，有77%的中国企业表示，相比于降低成本，生成式人工智能的应用对营收增长更有利。

价值导向是变革的关键

第一财经：你刚刚提到了企业高管对于生成式人工智能的看法。那么，除了决策者，普通员工怎么看待人工智能对于他们的影响？

朱虹: 埃森哲调研显示,在领军企业里,三分之二的企业都强烈认同,生成式人工智能会让这些企业的工作变得更有意义、更有成就感。企业员工的观点也高度一致,95%的被访员工对于用生成式人工智能辅助自己的工作都感到非常兴奋。

但是,埃森哲的研究发现,理想和现实存在落差,75%的企业并没有制订一个真正"以人为本"的生成式人工智能变革计划,只有5%的企业在大规模推行员工生成式人工智能方面的培训。与此同时,有三分之二的企业领导坦承自己并没有十足的把握,能领导好这项变革。

第一财经: 有学界观点认为,以ChatGPT为代表的技术突破,打开了迈向通用人工智能的序幕。企业应该如何面对不断迭代演进的人工智能技术?如何明智地使用?

朱虹: 在生成式人工智能的时代,我们认为企业当下有五大要务。

第一,价值为先,基于清晰的目标,分辨和选择不同的投资方式:一种是"立竿见影"的,投了就能为企业带来生产率的提高;第二种是"战略性投资",长远来看能为企业带来全新的竞争优势,而且是竞争对手很难获取的那些优势。

第二,深刻理解、积极打造AI赋能的、安全的数字核心。生成式人工智能要求企业具备更完善的数据,也对基础设施提出了更高的要求,数字核心将会成为企业一项关键能力。

第三,重塑人才和工作方式。企业高管必须做好准备,重塑工作、重塑劳动力,迎接生成式人工智能时代。企业需要提升员工技能,确保全员持续学习。人才是变革的关键,只有员工掌握了生成式人工智能时代的新技能,他们才能更好地推动企业整个价值链和业务流程的重塑。

第四,负责任的AI。生成式人工智能发展速度太快,所以有些风险现在就需要关注,这样企业才不会付出高昂的监管成本。

第五,推动持续的重塑。优秀的企业都具备持续重塑的能力,那些能够在变革中生存下来并且能够脱颖而出的企业,都是那些不断自我更新的企业。企业必须打造敏捷性,需要保持开放心态,积极拥抱新思维,这样才能适应技术的不断变化和演进。

负责任的AI

第一财经: 你提到"负责任的AI"。在企业层面,如何让这句口号落到实处?

朱虹: 负责任的AI不是一个口号,事实上,在很多企业,意愿和实际行动之间存在着巨大的差距。

埃森哲调研显示,多数企业支持对AI进行某种程度的监督和管理,但是只有极少的企业表示,他们已经在整个企业范围内有比较完善的治理框架,并在这样的框架下设计、部署人工智能。

埃森哲如何定义负责任的AI?我们认为企业从一开始就应该负责任地规划、部署、应用人工智能,不仅要创造价值,还要建立信任,并防范潜在的各种风险。在这个过程中,企业必须遵循一整套AI治理原则:以人为本、公平透明、安全合规、权责分明、可持续等。比如,人工智能系统需要利用多样化和包容性的输入数据集,从而体现更广泛的商业和社会责任、公平性和透明度。◪

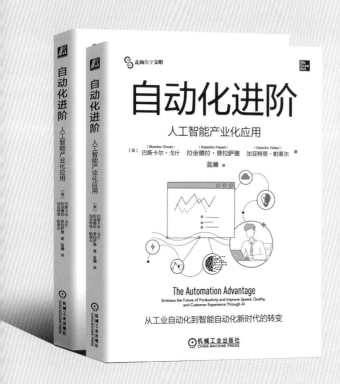

人工智能极大地提升了生产效率，助力企业打造新优势。《自动化进阶：人工智能产业化应用》可帮助企业把握新机遇，加速转型，实现全面重塑。

好书推荐

《自动化进阶：人工智能产业化应用》

过去十年间，各种技术经历了指数级变革，从云计算、物联网、区块链、大数据到生成式人工智能，这些技术应用的重心已从传统的成本节降转变成了价值创造，帮助企业制定更好的发展决策，实现业务新增长。

新兴技术的发展为企业创造了推动产业升级的新机遇，很多企业都在以极大的热情拥抱变化。互联网数据中心（IDC）研究发现，为了应对不确定性，全球有四成企业增加了对软件机器人和其他自动化技术的应用，预计到2025年，自动化软件支出规模将达到426亿美元。

许多企业也在加大对智能自动化等其他技术的投资。埃森哲近期全球高管调研结果显示，在先进技术应用、业务流程中的技术渗透以及创新意识等维度上，领军企业营收增幅是其他企业的五倍。领军企业认为，自动化是实现大多数关键业务流程（77%）数字化转型的最重要技术。

那么，企业在迈向全面自动化进程中应该如何识别自动化机遇并确定优先级？如何从技术投资和自动化项目中实现价值最大化？如何评估系统遗留以及数据问题？如何鼓励员工拥抱变革，把握自动化带来的新机遇？埃森哲新书**《自动化进阶：人工智能产业化应用》**（*The Automation Advantage*）给出了答案。

本书由埃森哲首席战略官巴斯卡尔·戈什（Bhaskar Ghosh）博士、拉金德拉·普拉萨德（Rajendra Prasad）和加亚特里·帕莱尔（Gayathri Pallail）合著，他们深入浅出地阐述了智能自动化的工作原理以及如何充分从中获益，为企业领导者提供了清晰的实战路径，用最佳方式大规模部署智能自动化，推动卓越绩效和业务增长。本书秉承"以人为本"的理念，为那些想制定智能自动化战略、创造新价值、实现新增长的企业领导者指明了前进方向。

埃森哲董事长兼首席执行官沈居丽（Julie Sweet）表示："《自动化进阶》可以帮助每一位企业领导者更好地了解如何在整个组织中规模化应用自动化，用人工智能来赋能员工、实现业务转型。"

针对企业在部署智能自动化时面临的共同挑战，本书提出了步骤明确的自动化实施框架和方法，通过评估自动化成熟度、设计自动化解决方案，使技术转型与业务目标保持一致。作者还着力解答关于自动化的常见疑问，通过真实案例展示不同行业、地区的企业如何使用智能自动化来打造新服务、重塑业务增长。

巴斯卡尔·戈什博士指出："我们正在经历从工业自动化时代到智能自动化新时代的巨大演变。企业的关注重点已经从成本下降，转向了围绕提升客户体验、卓越运营、服务提升、创新和优化战略决策等新目标。通过将自动化与智能技术相结合，企业可以提高运营效率、提升员工技能、优化绩效和生产力，获得显著的成本效益。这一数字化转型手段已成为全球领先企业提升盈利水平最有效的方式之一。"

埃森哲自动化服务全球主管拉金德拉·普拉萨德说道："多年来，在客户自动化之旅中，埃森哲提供了从战略到执行的全程助力，我们在书中提出的这套框架和方法正是根植于此。我们向读者介绍了依托智能自动化将愿景化为切实价值的实践经验，包括如何确定正确的技术、明确自动化收益、激励利益相关方、开展流程现代化革新、进行组织和文化变革、实现自动化技术与人员之间更紧密的协作。"

未来的工作

文 巴斯卡·戈什、詹姆斯·威尔逊、托马斯·卡斯塔尼诺

提要： 我们未来的工作将因生成式人工智能（GenAI）而产生翻天覆地的变化。

企业高管们一直在探索驾驭GenAI的最有效方式，力求将其潜能转化为实际应用。他们明白这项技术的应用前景无限可期，不但能够有力推动日常工作的转型升级，更可将其所具备的"超能力"融入创意和知识类工作中，在大幅提升工作效率的同时，开辟企业全面重塑的全新途径，助力企业找到增长的突破口。

而要想真正踏上企业全面重塑的成功之旅，企业领导者首先要深入洞察GenAI对其所在行业的潜在影响，这种潜在影响可能比现在已有的影响还要大，各个职能部门的领导者也应详细分析该技术能够为其所在专业领域带来哪些变革。接下来，在与 IT和技术部门的通力协作下，企业各部门的高管们可以直奔主题，从重塑工作方式、重组业务流程、重新聚焦人才及技能培训战略等环节入手，全面激发GenAI的潜能。

GenAI将影响各行各业

基于先期自主研究，我们以19个主要行业的工作者为研究对象，详细分析了大语言模型（LLM）对他们工作时长的潜在影响，并对这些行业2022年的就业水平做了加权。[1]

从中我们发现，GenAI有望优化各个行业工作时长的比率达到44%。其中，GenAI有望优化银行业的工作时长高达72%；保险业和资本市场则分别为68%和67%；对于零售、旅游、医疗和能源等中间行业，比例范围则为40%至50%。在围绕22个工种开展的同类分析中，我们发现LLM的影响力覆盖各个工种，受影响的工作日比例最低和最高分别为9%和63%。受调查的22个工种中，有5个工种超过一半的工作时长可运用LLM进行优化（见图一、图二）。

---

1. 数据来源：O*NET/BLS。

图一 生成式人工智能将改变各个行业的工作方式

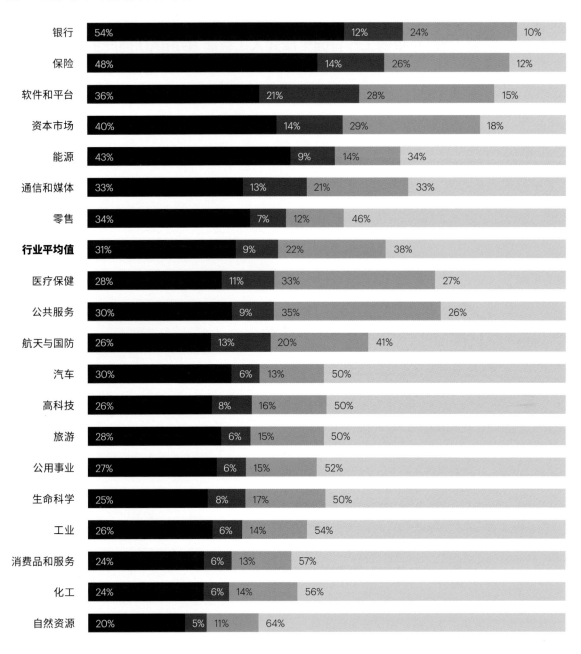

行业	更具自动化潜力	更具人员强化潜力	人员强化或自动化的潜力较低	非语言任务
银行	54%	12%	24%	10%
保险	48%	14%	26%	12%
软件和平台	36%	21%	28%	15%
资本市场	40%	14%	29%	18%
能源	43%	9%	14%	34%
通信和媒体	33%	13%	21%	33%
零售	34%	7%	12%	46%
行业平均值	31%	9%	22%	38%
医疗保健	28%	11%	33%	27%
公共服务	30%	9%	35%	26%
航天与国防	26%	13%	20%	41%
汽车	30%	6%	13%	50%
高科技	26%	8%	16%	50%
旅游	28%	6%	15%	50%
公用事业	27%	6%	15%	52%
生命科学	25%	8%	17%	50%
工业	26%	6%	14%	54%
消费品和服务	24%	6%	13%	57%
化工	24%	6%	14%	56%
自然资源	20%	5%	11%	64%

■ 更具自动化潜力　■ 更具人员强化潜力　■ 人员强化或自动化的潜力较低　■ 非语言任务

资料来源：埃森哲商业研究院基于美国职业信息网络（O*NET）和美国劳工统计局数据的分析。

备注：我们手动确定了200项与语言相关的任务（美国劳工统计局共划分有332项任务），这一结果与各行业使用每种职业的份额以及各职业在每个行业中的就业水平相关。自动化潜力较高的任务能够通过减少人工参与的大语言模型进行改变。具有更高人员强化潜力的任务则是指需要人类员工更多参与的任务。

图二 生成式人工智能将影响所有工作岗位

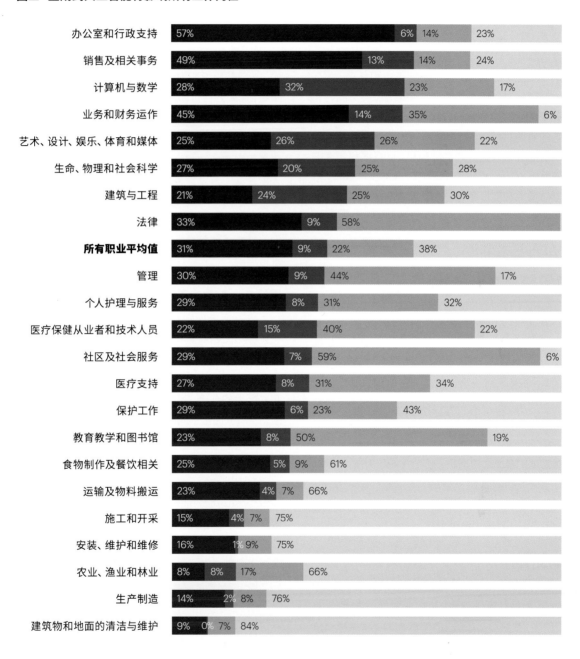

资料来源: 埃森哲商业研究院基于美国职业信息网络 (O*NET) 和美国劳工统计局数据的分析。

备注: 我们手动确定了200项与语言相关的任务（美国劳工统计局共划分有332项任务），这一结果与各行业使用每种职业的份额以及各职业在每个行业中的就业水平相关。自动化潜力较高的任务能够通过减少人工参与的大语言模型进行改变。具有更高人员强化潜力的任务则是指需要人类员工更多参与的任务。

更令人鼓舞的是，我们对19265项工作任务分析后发现，超过半数的任务可以运用GenAI作为输入参考，充分释放创造力，打造新颖、有见地的解决方案。如果说前几代机器学习和智能软件主要影响常规、可重复且在一定规则下的工作和任务，那么GenAI则将对创造性工作产生突破性影响，同时也打破了企业的固有方式方法，打开了企业高管解决问题的思路格局。而技术创造能力的飞跃也为工作效率的提升带来更大的突破契机。以数据科学家的工作为例，GenAI可以优化他们76%的工作效率，依据当前技术和实践条件，工作效率的提升有望高达25%。

如何挖掘GenAI潜能

当下，我们正身处在GenAI应用周期的一个关键风口，众多企业纷纷试水，开始投资现成的"基础模型"（人工智能应用平台）。然而，对于多数企业而言，这一新技术最大的价值莫过于使用自有数据对模型进行定制或微调，以解决自身的独特需求。也有部分企业跨过了现成的GenAI模型阶段，依据自身企业的运营和业务模式持续定制模型，他们实现未来重塑的前景尤为广阔。

我们将以数据科学家的工作为例，探索GenAI在IT职能中的应用潜力，但这里抛出的提议适用于几乎所有涉及人工智能的工作。

解构工作内容

首先，将工作分解为特定任务，可以明确GenAI的应用方向和最佳用法，也是未来工作转型的基石。例如，数据科学家的工作可解构为处理数字信息或在线数据、评估数据质量或精确性、设计计算机或信息系统应用、开发系统、流程或产品模型等细分任务。

其次，明确完成任务是否需要大量使用语言（自然语言、计算语言或数学语言）。数据科学家不但需要运用到诸如Python、C++或JavaScript之类的计算和数学语言，还需要应用自然语言来描述业务案例，并向领导说明为什么某项洞察对企业来说非常重要，比如为何行动宜早不宜迟？如何优化决策？哪些方面亟须做出改变？

最后，评估如何运用知识完成特定任务。例如，任务里需要解决的问题是否尚不明确？是否需要他人配合或主题专家验证才能完成该任务？而对于数据科学家而言，在对运营或业务流程进行建模前，他们必须结合企业业务和行业背景，邀请企业多个部门的同事协作配合，获得他们的验证支持以对建模进行理解。

围绕GenAI重构工作

当一项工作被拆解成种种任务，接下来便可分析GenAI如何为各项任务增效赋能。实践经验表明，需要不断重复相同流程的任务，可借助GenAI实现全面自动化作业；需要融入创造性推理、协作和判断力的任务，可考虑采用人工智能加以辅助增强；GenAI优化空间较小的任务则可继续采用全人工作业，而此番工作重构也可能催生出新的高价值人工任务。

我们围绕数据科学家的日常工作展开分析后发现，GenAI可助力他们迅速熟悉行业流程，增强协作效能，促进验证工序的高质量完成。其中，包括处理数字化或在线数据、评估数据质量及准确性等五项任务可实现自动化转型。另有七项任务可借助GenAI加以优化增强，确保数据科学家卓有成效地完成工作。例如，微软、GitHub和麻省理工学院斯隆分校的研究人员允许开发人员随机访问GitHub Copilot（一种用于编码的GenAI），此举可减少员工使用JavaScript开发网络服务器57%的时间。我们还发现，在与他人沟通行动计划或监督人员等五项任务中，人工智能自动化或增强功能的应用空间相当有限。

重组作业流程

分清楚哪些任务可全面自动化，哪些能用AI赋能增强，哪些还是得依赖纯人工作业，是重新设计工作方式的基石。以此为出发点，GenAI才有机会释放潜能、真正创造价值。这些重新设计的工作需要深度嵌入流程，并相互协调编排，从根本上彻底颠覆固有的工作流程与模式。

需要注意的是，重建和重新整合流程并非易事，企业必须对自身所面临的业务挑战保持清醒的认知，深刻思考组织到底需要什么样的运营方式。在调整全企业战略时，也应考虑各种人工智能衍生物及相关技术，而不只是当下流行的GenAI和大语言模型。

案例研究

Lemonade就是典型的成功案例，这家初创互联网保险公司从人工智能及人类的双重视角出发，重新思考、设计索赔和承保等典型保险功能的流程。公司全面整合人工智能聊天机器人、云端，实现了环环无缝衔接，成功重塑客户体验。

例如，不同于常规填表、等待或跨部门办事等索赔烦琐流程，用户只须点击Lemonade应用中的"索赔"按钮，向聊天机器人玛雅（Maya）描述事件的大致经过即可申请索赔。该公司的人工智能启动反欺诈算法，判定是否批准、进行赔付，或是升级为人工受理。目前约有三成的理赔申请可及时获得批准及赔付，未获得即时批准的索赔案件，则将升级为人工受理，由保险专员尽快联系投保人。

重新聚焦人才及技能培训战略

与技术投资一样，企业需重金投资运营和员工培训。重新考虑应如何完成工作以及如何赋能员工，是企业挖掘GenAI全部潜能的两个关键因素。这将波及近乎所有工作：一些岗位将被淘汰，大多数岗位将面临转型升级，同时，新的岗位也将出现。

通过让员工参与到本职工作的解构和重组，从而在实践中掌握人工智能这项新技术，是很多企业首选的员工技能再培训方式。GenAI技术本身也将在技能再培训中发挥重大作用。我们发现，近六成的企业计划将GenAI应用于培训学习，并有超过四成的企业有意在这方面进行投资。

企业领导者们任重道远。他们需要确保GenAI技术的设计是负责任且合规的，应用程序不存在潜在风险，且GenAI的输出结果必须由人工进行审核和监督，做到无错误、无偏见、无任何知识产权纠纷。负责任地使用人工智能的那些企业，将进一步领先于竞争对手，获得差异化优势。

巴斯卡·戈什（Bhaskar Ghosh）
埃森哲首席战略官兼全球管理委员会成员

H·詹姆斯·威尔逊（H. James Wilson）
埃森哲董事总经理，商业研究院技术与商业研究

托马斯·卡斯塔尼诺（Tomas Castagnino）
埃森哲商业研究院首席经济学家

业务垂询：contactus@accenture.com

工业4.0时代的
制造企业研发转型

文　王昕

提要：研发转型不但有助于企业优化现有研发体系，支撑传统业务转型发展，也有力推动了企业探索新产品和业务模式，是制造企业在工业4.0时代乘风破浪、实现持续增长的不二选择。

研发转型的共性趋势

在《产品再造：数字时代的制造业转型与价值创造》一书中，埃森哲指出在工业4.0时代，面向智能互联产品的转型，需要找到产品的智能度与其体验度的正确组合，前者用以衡量产品的智能度、互联性和认知独立性，后者指的是产品技术及其功能提供的体验质量和业务模式（见图一）。将这两个维度正确组合，将为企业创造全新价值。

图一 产品转型矩阵及例证

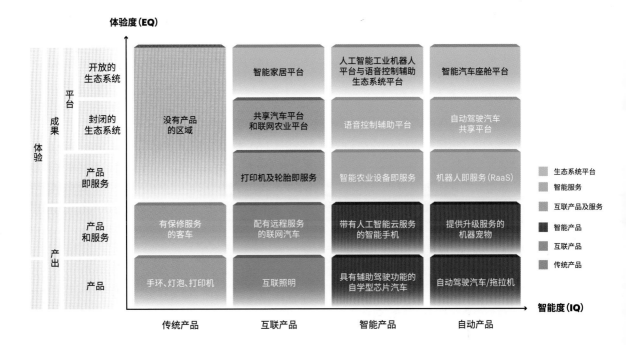

从**传统产品**转型到**智能产品**的第一步是实现产品的互联；进而，**智能产品**提供了更多智能化的功能和用户体验；"**互联产品即服务**"则在智能产品基础上，实现从销售产品到提供服务的业务模式转型；**智能服务**是制造企业在"互联产品即服务"的基础上，为客户提供智能化的解决方案。

此外，打造智能产品和智能服务，离不开云计算、大数据分析、人工智能、领域知识、生态系统的支持，这就要求制造企业打造面向业务的服务平台，如果这种平台足够成熟和开放，则有可能成为单独的业务即**生态系统平台**。

为了实现上述产品和业务模式的转型，制造企业的研发模式同样需要做出调整，我们总结出五个共性趋势：

（1）从功能驱动到体验驱动。产品规划和定义从有限的功能和应用场景升级到智能互联系统支持下的极为丰富的解决方案和体验场景。

（2）从孤立的产品到智能互联的系统和平台。产品开发从单一产品升级到多个产品系统交互的复杂系统工程。

（3）从以硬件为中心到软硬件融合。包括嵌入式软件、应用软件、平台软件在内的软件系统成为实现产品系统价值的核心，软硬件协同开发也成为制造企业研发的核心能力。

（4）从封闭的研发组织到开放创新生态系统。智能网联的产品系统需要整合第三方的应用和能力组件，打造开放的平台并赋能生态系统将成为新的竞争优势。

（5）数字化研发平台从产品生命周期管理（PLM）进化到人工智能（AI）赋能的数字孪生和数字主线。智能互联的产品系统可以收集产品生命周期的大量数据，从而为AI赋能的数字孪生和数字主线提供基础。

需要特别注意的是，产品和业务模式的转型并非一蹴而就，因而"研发转型"在推动制造企业"四化"（智能化、网联化、平台化、服务化）转型的双重角色愈加至关重要。

研发转型的实践和案例

近些年来，埃森哲在实践中和很多制造企业一起见证了研发转型的进程，尽管每家企业的转型目标和内容各有不同，但总体来说体现了智能网联时代研发转型的几个特征。

一、产品和解决方案规划：用户体验、技术创新和业务价值三轮驱动

在智能网联时代，制造企业从产品向解决方案和服务方向转型，必然对产品规划提出更高要求。如今，制造企业在产品规划方面存在诸多挑战，比如产品规划以产品功能为核心而非以用户价值和体验为核心、缺乏以数据和事实为基础的市场洞察和产品价值预测、缺乏跨职能的协同机制等等。打造用户体验、技术创新和业务价值三轮驱动的产品规划和组合管理体系是转型的重要内容。

用户体验方面，企业需要建立专业的用户研究团队，导入以设计思维为基础的用户研究流程和方法，建立企业跨职能共享的用户场景库，拉通用户价值发现、价值创造和价值传递全过程。

技术创新方面，需要实现产品创新与技术创新的握手机制，一方面通过产品规划牵引技术创新方向，另一方面通过技术创新实现产品创新的差异化。技术研发的立项需要以用户价值为基础进行评估和排序，通过技术货架和技术发布，支持产品规划和技术价值实现。

业务价值方面，需要建立跨职能的市场洞察体系，促进洞察信息的共享，通过结构化的分析工具支持产品决策，并逐步导入数据和AI驱动的洞察能力，支持以事实和数据为基础的业务价值分析和预测。

案例研究

随着行业应用场景多样化以及产品解决方案智能化和平台化，一家领先的安防产品公司现有的产品管理体系面临着新的挑战，包括缺乏协同的市场洞察体系，难以从海量的行业应用场景中筛选出最有价值的创新机会，缺乏深入的用户研究和体验设计以解决真正的用户痛点，缺乏解决方案、产品和技术创新的协同机制，难以打造具有独特竞争优势的产品解决方案等。

埃森哲帮助客户优化市场洞察组织和流程，设计了数据驱动的协同市场洞察平台，引入了基于设计思维的用户研究和体验设计流程方法，并且优化了产品创新和技术创新协同流程，设计了基于技术货架的数字化协同创新平台。

通过产品规划和管理体系的优化和数字化平台建设，企业促进了跨职能协同，赋能产品经理团队更加精准地识别高价值的创新机会，使产品定义基于对用户痛点和需求的深入理解，并充分考虑已有的技术储备和独特竞争优势，提升了产品成功率，有效地支持了企业业务增长目标和策略。

二、软件定义产品：软硬件融合的精益、敏捷研发

根据埃森哲研究，未来软件所占价值的比例将上升到70%至90%。软件组件既包括嵌入式软件，又包括应用软件和平台端的服务软件。我们看到很多传统制造企业都组建了规模以千人计的软件开发团队。

但是，具有强硬件基因的制造企业在打造软件开发能力以及软硬件协同开发方面面临诸多挑战，比如由于缺乏基于用户场景的需求分析和价值评估，软件开发需求变更频繁；硬件和嵌入式软件开发遵循传统的瀑布式流程，而应用软件和平台服务软件开发往往采用敏捷开发实践，导致软硬件开发节奏不同步、系统集成测试不充分等等。

埃森哲在总结制造企业"软件定义产品"研发转型实践经验的基础上，把传统制造业面向精益、合规的硬件开发系统工程流程和软件开发领域大规模敏捷实践相结合，打造了IndScrum解决方案体系，帮助制造企业实现精益、敏捷的软硬件协同开发。

三、产品生命周期协同研发

产品的成功不仅取决于技术因素,还需要考虑产品全生命周期的各种要素,如成本、可销售性、可制造性、可供应性、可维护性、可持续性等。因此,在产品上市的过程中必须满足下游各环节对产品的DFx（Design for X,面向产品生命周期各环节的设计）的要求,从而确保生产、供应、营销、服务体系能够高效运营,以同步满足产品成功投放的要求。

制造企业在产品生命周期协同研发方面往往面临以下挑战:缺乏产品组合策略规划和管理,导致产品型号数量多,产品盈利状况不佳;技术规划和开发没有充分考虑与战略供应商之间的协同创新,导致错失产品创新机会;缺乏平台化、模块化和零部件重用策略,影响产品成本和研发效率;下游的采购、生产、销售、服务环节介入新产品开发比较晚,导致后期出现大量工程变更,影响产品上市时间等。

埃森哲认为,提升DFx能力需要从组织、流程和数字化三个方面入手。

- **组织:**"部门墙"仍然是影响高效协同研发的关键因素,其出现的原因来自组织、绩效、激励、文化等方面。如不能有效破局,DFx往往会造成部门间相互推诿,最终还是通过客诉和工程变更来解决问题。

- **流程:** 无论是产品组合策略、平台化和模块化的研发、战略供应商的协同创新,还是DFx需求管理、设计规则检查、测试验证、闭环反馈,最终要落实到研发流程中可交付、可验证的活动、输入和输出当中,并成为技术评审和质量控制的重要内容。

- **数字化:** 数字化工具和协同平台是提升DFx能力必不可少的手段。例如,通过工艺仿真提高产品的可制造性,减少试制和试生产过程中的DFM（面向制造的设计）问题;通过产品数据和BOM（物料清单）管理实现在早期阶段研发与下游环节的数据共享和并行工作等等。

一家全球领先的通信设备和消费电子企业在从研发到量产爬坡的过程中,面临着试制导入周期长、量产爬坡成本高的挑战,严重影响了产品上市周期和业务目标的达成。造成问题的原因包括研发和制造数据不同源,需要实现BOM、产品模型等数据的手工转换,效率较低且容易出错;缺乏早期DFM问题验证手段,大约49%的问题在试制过程当中发现;缺乏从制造到设计的闭环反馈和持续改进流程。

埃森哲帮助该企业导入了综合的解决方案,包括:优化DFx流程,促进跨职能的DFx需求管理和追溯验证;建立统一产品数据源,实现研发制造高效数据共享;引入DFM早期仿真验证工具,如装配仿真、数控加工仿真等,减少试制过程中的问题;通过打通研发、工艺、制造系统,实现数据的准确传递及问题的根因分析和持续改进。

通过以上解决方案的导入,该企业实现了设计到制造数据传递"零"等待、"零"人工转换,缩短了50%试制周期,减少了70%设计DFM问题,从而大大加快了产品上市周期,提升了产品利润率。

四、数字化研发平台:从PLM到AI赋能的数字孪生和数字主线

数字化工具和平台是研发体系不可或缺的组成部分。经过40年左右的发展,全球PLM软件和服务市场规模已在2021年达到606亿美元,未来5年还将保持10%左右的增长。随着云计算、物联网、人工智能、大数据分析、元宇宙等新技术的发展,PLM在功能和应用、平台和技术架构以及商业模式等方面都将呈现出新的特点和趋势。

功能和应用层面,仿真分析与IoT、AI和大数据分析结合,衍生出产品全生命周期的各类数字孪生应用,包括产品设计和性能验证、营销展示和体验、制造工艺和制造系统的验证,以及服役产品的故障监测和预测性维护等;端到端的产品数据得以拉通,数字主线轮廓初显;互联系统的复杂性加速和扩展了MBSE(基于模型的系统工程)的应用需求;"软件定义产品"使得ALM和软件开发工具链以及软硬件协同研发平台更加重要;数字化、智能化技术在产品规划领域的应用受到越来越多客户的重视;生成式人工智能在智能知识管理、软件开发自动化、智能故障识别等领域有着广阔的应用前景。

平台和技术架构层面,"紧内聚、松耦合"的服务化架构,已经成为很多PLM软件架构发展的必然选择;云化的PLM部署,具有规模可伸缩性、易于部署和维护等优点,对于很多快速成长的中小企业具有一定的吸引力;与AI和大数据分析的结合,例如基于知识图谱建立数字主线模型,通过机器学习建立数字孪生模型,利用大语言模型构建知识管理和设计自动化系统,人工智能与创成式设计、多目标设计优化的结合等。

商务模式层面,很多PLM厂商已经从永久许可证销售模式逐步过渡到订阅和SaaS模式,但是其市场接受度还面临不少挑战。

埃森哲连续多年蝉联全球PLM服务市场冠军,与多家领先的PLM厂商形成了长期的合作伙伴。在数字孪生和数字主线、云化和服务化PLM、生成式人工智能应用等前沿领域,埃森哲在和行业领先客户合作共创的过程中,已经形成了一系列领先实践。

一家行业领先的铜合金企业，其业务是为通信设备和半导体、高铁、汽车、航天等行业的客户提供高端铜合金产品。传统的研发模式高度依赖研发团队经验，为客户提供满足需求的铜合金材料，研发周期长，试制试验成本高，难以攻克高性能需求的材料研发项目。

埃森哲帮助该企业导入了先进的材料计算和仿真工具，包括相图计算、有限元分析、熔铸和加工仿真等，减少对物理试验的依赖；基于客户几十年的试验数据，利用机器学习训练出"材料需求—成分配方—工艺参数"预测模型；搭建了需求管理和仿真管理平台，促进跨职能协同和知识重用；设计和开发了研发生态圈模型，实现与客户/供应商的纵向集成以及与相关研究机构的横向集成。

通过仿真工具和AI预测模型的应用，实现了"大设计，小试验"的研发模式，提升了35%的研发效能，缩短了50%的研发周期，并赋能研发团队高效地解决高性能需求的材料研发问题；通过研发生态圈平台的建设，提升了行业影响力，增加了客户和供应商黏性，实现了与战略客户的长期合作和协同研发。

研发转型路线图

从2018年开始，埃森哲对中国九大行业的企业的数字化转型进程进行了持续的追踪研究，企业数字化转型的深度和广度都在持续延展。埃森哲认为，未来十年中国企业将进入转型的深水区——企业全面重塑时代。对于所有企业来说，转型已经成为必选题，而研发转型是重头戏之一。

从传统研发转型到智慧研发，需要考虑不同的能力维度，包括产品管理、产品开发、产品生命周期协

图二 研发转型路线图

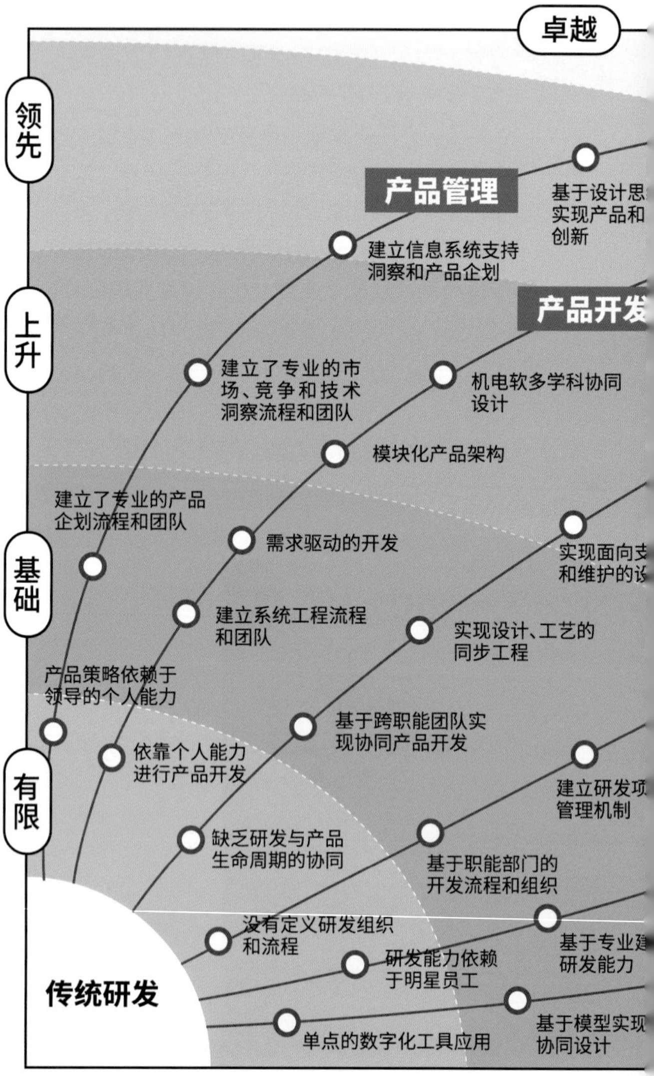

同、研发运营模式、研发能力、研发工具和平台等6个维度。每个能力维度都有一系列需要建设的能力,这些能力的成熟度状态定义了研发转型整体所处的阶段以及未来转型工作的重点(见图二)。

成功的研发转型始于明确的愿景、蓝图和路线图规划。埃森哲建议企业通过现状诊断、领先实践对标确定转型愿景和目标,以业务流程为导向分析未来转型的场景、机会和价值,并根据投资回报和实施风险对转型机会进行排序,最终就转型路线图和执行计划达成共识。在统一的转型领导决策和变革管理

组织支持下,企业应循序渐进地推进转型项目,最终实现从传统研发到智慧研发的转型。◪

王昕
埃森哲大中华区工业X事业部董事总经理
业务垂询:contactus@accenture.com

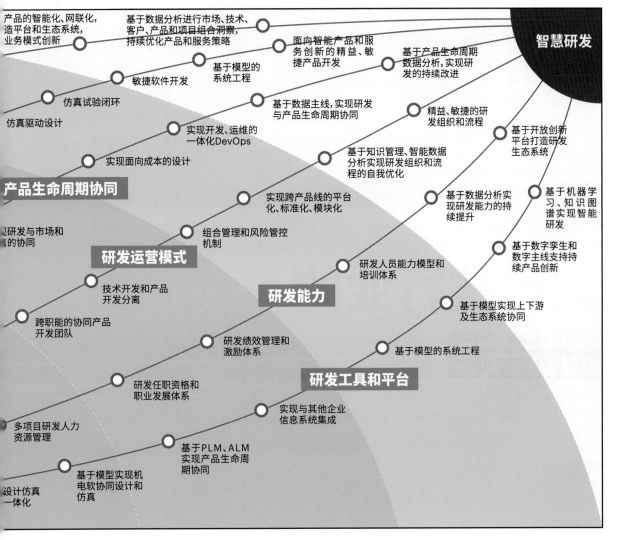

高科技行业的
新机遇

文 帕达姆雷特·辛格、哈曼迪普·阿胡贾、哈里什·纳塔拉詹、马修·J. 哈格蒂

提要: 作为生成式人工智能的应用者和推动者,高科技企业将为其他企业领航,开启转型之旅。

生成式人工智能,变革的催化剂

生成式人工智能甫一问世即盛况空前,ChatGPT推出仅两个月就已吸引了多达1亿名月活跃用户,是史上增长最快的消费型应用程序。大多数企业领导者不是在热切投资于生成式人工智能,就是正着眼于如何运用它的潜能来增强或转变企业运营和创新实践。

要顺应当今市场变革趋势,高科技行业亟须利用"即服务"产品来优化客户体验。"即服务"(Everything-as-a-service, EaaS)是指以订阅为导向,捆绑产品、服务、平台的全新商业模式。随着技术的不断进步,市场中服务的商品化程度不断提高,"即服务"模式已经从最初的软件及云领域,延伸到更多不同的领域和产品。这类产品可降低市场准入门槛,创造稳定的经常性收入来源,它们的巧思设计还能吸引客户更主动地参与个性化互动。

生成式人工智能的问世加快了企业的转型变革,助力企业快速构建即服务产品。它无缝连接软硬件,可快速构建各种功能。例如,它支持研发部门深入捕捉客户洞察,快速迭代原型,促进产品品质升级;它还提供深刻的产品使用洞察和建议,有助于积极处理问题,防患于未然,构筑起同心合作的客户成功模式;它连接多数据集,缓解供应链风险,推动极具影响力和个性化的营销传播。

企业应该如何部署?最直接的方式之一是投资于企业内部的生成式人工智能基础设施,以加快当前工作效率(如提高软件开发能力)。数据科学家和人工智能从业人员已将超过四分之三(77%)的时间投入在数据预处理、训练、建模和调优工作中,这些任务占用大量的GPU、内存和电源。对这些必不可少的基础设施进行先期投资,可大幅节省成本,并实现收入的长线增长。企业可将获得的资金投入支持长期战略,深度维系客户关系。此外,企业还可利用生成式人工智能服务在相互关联的跨职能角色、人员(研发、销售、营销、客户、服务)和职责之间架起沟通桥梁,为发布和推广新产品/服务打开通路。

图一生动描述了六则用例，充分展示生成式人工智能如何助力高科技企业实现由内而外的转型变革。

图一 价值链转型：六大机遇领域

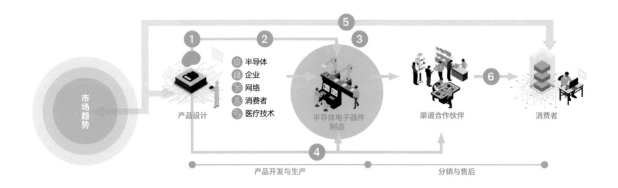

① **运用场景建模，增强财务韧性**
- 结合跨企业协作，实时生成"假设"场景
- 明确差异，缩短生成报告和说明的用时

② **运用物料风险管理，提高供应链韧性**
- 为尽职调查和端到端合同管理注入大语言模型
- 提高采购途径的可见性并提出准确建议

③ **透过目视检查提高初始生产的整体设备效率**
- 面向新的细分市场进行快速原型设计和产品设计
- 采用合成数据进行目视检查，提高交付质量

④ **实施个性化推荐，促进低接触式销售**
- 利用虚拟助手推荐的复杂解决方案进行交叉销售和追加销售
- 从现有文件中生成基于客户画像的营销材料

⑤ **为客户支持、客户成功和下游企业提供深刻洞察**
- 指导客户成功经理与客户展开讨论，提高客户生命周期价值（CVLV）
- 透过富有感染力的阐述，为中小企业合作伙伴提供洞察和指导

⑥ **为现场技术人员提供快速入门和减少错误的方法**
- 提供基于上下文的信息，帮助技术人员快速准确地完成工作
- 利用生成式人工智能辅助型知识管理，创建自助服务门户

高科技企业采用生成式人工智能的指导原则是以人为本，尽管这听起来有点违背常理。这意味着在为企业设计生成式人工智能解决方案时，要始终不忘听取使用者的意见，确保这项技术真正调动和发挥员工的天赋才干，同时留有试错的余地，从经验中学习和发展。要设计无障碍环境，支持所有员工充分发挥潜能。最后，还要建立统一的信任感，让人人都能放心地使用生成式人工智能，无后顾之忧。来自不同用户的奇思妙想碰撞交融，将有利于完善这项技术的功能。

必须行动：开展前所未有的协作

对于任何一家试图单打独斗的企业来说，稳健开发生成式人工智能产品都是一大严峻挑战。有意识地建立生态系统，可以使企业发挥自身优势，规避风险，还能加速为客户批量提供量身定制的解决方案。例如，生态系统解决方案可促进并加快芯片制造商、晶圆厂、服务器/网络提供商和主机托管中心等合作伙伴之间的互动协作。

相比之下，各自为战的风险难以估量。回想1996年至2002年间，电信公司斥资5000多亿美元建设宽带网络。当时的互联网尚处于起步阶段，需求增长缓慢，投资回报相当惨淡。其结果是股东损失2万亿美元，成千上万的工人下岗失业，多家大企业破产倒闭。

围绕生成式人工智能产品构筑强大的生态系统，意味着企业要为这项技术制定长期愿景，包括需考虑与谁携手合作、谁会予以支持，以及从一开始就要实施务实、公平的生态系统管理和治理等。

图二展示了生态系统在发展生成式人工智能能力过程中的关键要素，以及企业各自为战在财务或商业上皆不可取的原因。如图所示，试图单打独斗的企业进入市场的门槛依然相对较高，有些准入口仍然价格高昂或稀缺，而生态系统解决方案是打破壁垒并降低成本的灵药。

图二 生态系统优势：关键要素

融资	芯片	服务器	基础模型	应用程序
试图单打独斗的企业会面临很高的准入门槛。				
风险投资生成式人工智能交易量环比下降29%，但由于亚马逊与Anthropic达成了近40亿美元的交易，最终交易额高达61亿美元。	微软已承诺向OpenAI投资130亿美元。	人工智能成本推迟了服务器更新周期，服务器出货量正在下降，而云需求正在上升。	根据硬件假设，AH估计GPT-3单次运行训练成本从50万美元到460万美元不等。	对于云巨头来说，生成式人工智能聊天机器人的基础设施成本可能高达数十亿美元。
有些准入口仍然价格高昂或稀缺。				
大型科技企业致力于投资人工智能。	芯片短缺问题是人工智能淘金热赢家和输家（"Magnificent 7"与学术界）的分水岭。	相关预测表明，数据中心服务器的增长远超互联网兴起期间发生的任何增长，但可能会发生蚕食。	GPT-4是新的空间竞赛。"真正的"人工智能砖墙是推理。目标是将训练计算与推理计算分离开来。	人工智能应用程序的利润明显小于其他SaaS解决方案。
生态系统解决方案是打破壁垒并降低成本的灵药。				
生成式人工智能继续吸引投资，风险投资和私募股权投资备用金总价值高达数万亿美元（投资资金）。	为了应对芯片短缺问题，半导体企业要专注于创新封装，提高可用性。	巨大的电力支出为探索数据中心供电新方法创造了机遇；可再生能源和ESG可实现多方共赢。	基础设施挑战为小型合作伙伴（学术界、初创企业）投资研究创造了机遇空间，有望取得成效。	为了更好地开发探索新款应用，高科技企业应创建建立联盟组织，有效降低企业的准入门槛。

资料来源：埃森哲商业研究院

成功启用生成式人工智能的注意事项

许多高科技企业已开始聚合适用类型的生态系统，积极构建生成式人工智能世界。比如，联想现已扩展旗下人工智能就绪智能设备和边缘到云基础设施的可用性，以兼容支持专为启用人工智能工作负载而构建的新平台。还有英伟达旗下的AI Workbench，支持开发人员快速创建、测试和自定义预训练的生成式人工智能模型，随后可扩展到几乎任何数据中心、公有云或NVIDIA DGX云。再比如英特尔携手埃森哲为开源社区构建可下载的人工智能参考套件。此举旨在帮助企业加速图像和语音生成以及自然语言语义搜索等领域的人工智能部署，同时有望降低运行成本。

此外，HPE正在丰富延展旗下的GreenLake产品组合，与德国人工智能企业Aleph Alpha联袂推出适用于大型语言模型的GreenLake。客户可使用自有数据来构建其专属的人工智能模型，无需付费购买或租用超级计算机，该产品拥有人工智能原生架构，可在HPE自有的Cray XD超级计算机上运行。

埃森哲认为，高科技企业在制订生态系统解决方案时，应考虑如下几点。它们可作为一份实用指南，适用于建立战略合作伙伴关系、助力客户成功等目的。

一、无障碍访问

大型企业已经开始设计并推出专用大型语言模型和生成式人工智能应用，并在企业内部投入使用。若想跨行业全面启用生成式人工智能，须降低准入门槛，吸引更多小企业或利基企业的参与。无障碍设计，比如开放生态系统，与学术界和初创企业建立合作伙伴关系，启动投资项目，旨在明确市场需求，将行动落到实处。从专用芯片组到利用特定大型语言模型突破性功能的耳机，建立无障碍访问需要与整个价值链的合作伙伴展开协作。

二、可靠性和韧性

人工智能应用日趋成熟后，将着眼于处理交通、制造和公共安全等领域的重要任务。客户和消费者会要求企业以合理的速度、时间和成本交付产品。要实现实时、可靠的现场交付，须激活边缘计算能力，埃森哲商业研究院发现，83%的受访者认为边缘计算是企业未来保持竞争力的关键所在。高科技企业可以充分利用边缘制造，这样研发部门可以加速产品上市，降低成本，有力促进生成式人工智能的无障碍访问。

三、负责任的人工智能

企业采用人工智能之后，在管理人工智能决策的潜在道德影响上会肩负着更多的责任，原因在于它会直接影响到人们的生活。随着生成式人工智能技术的发展和采用日益加快，各企业都在迫切地思索着该如何负责任地利用这项技术。对于企业而言，负责任的人工智能意味着采取明确的行动来合理设计、部署和应用人工智能，防御人工智能的潜在风险，由此创造价值并建立信任感。负责任的人工智能始于一套人工智能治理原则，每个企业都应予以采纳和执行。作为生成式人工智能的推动者和采用者，负责任的人工智能基金会将为高科技企业的蓄势发力提供强大支持。

英特尔首席执行官帕特·基辛格（Pat Gelsinger）将我们今日生活和工作中智能互联设备和人类体验相融的世界称为"硅经济"。如今，我们在大型语言模型和生成式人工智能领域取得了令人赞叹的长足进步，硅经济正在步入新时代。它将注定推动增长和生产力的指数级飞跃。

在生成式人工智能革命浪潮中，高科技企业既肩负着诸多使命与责任，也拥有前所未有的机遇。领航于生成式人工智能革命，要心怀热望地拥抱未知的未来。唯有制定深思熟虑、定位明晰的战略，持续采用和实施生成式人工智能，方能在竞争大潮中稳操胜券。◩

帕达姆雷特·辛格（Padampreet Singh）
埃森哲首席数据和分析官，高科技行业、数据与人工智能董事总经理

哈曼迪普·阿胡贾（Harmandeep Ahuja）
埃森哲商业与技术战略董事总经理

哈里什·纳塔拉詹（Harish Natarahjan）
埃森哲战略与咨询事业部高科技生成式人工智能行业主管

马修·J.哈格蒂（Matthew J. Haggerty）
埃森哲高科技行业研究主管

业务垂询：contactus@accenture.com

新能源 新趋势 新作为

文　赵晋荣

> **提要：** 能源低碳转型已箭在弦上。中国企业需要从能源转型八大能源战略重点入手，加速推进新能源行业的发展，以加速实现国家"双碳"目标。

突飞猛进的中国新能源行业

联合国防灾减灾署在2020年发布的一份报告指出，相对上一个20年，21世纪的前20年各种灾害频率大幅度增加，其中高温事件增加232%，暴雨增加134%，各种风暴增加97%。最近愈加频发的极端气候灾害正让这些数字变成每个人无法逃脱的切肤之痛，也使全社会向低碳化乃至无碳化转型的需求变得更加迫切。

好消息是，迄今已有超过140个国家提出了碳中和目标，中国作为目前全球年碳排放量最多的国家，也宣布了2030年实现碳达峰、2060年实现碳中和的雄伟目标，并且正在通过加速推进新能源行业的发展，分秒必争地推进碳减排。

中国在可再生能源发电、氢能、储能与动力电池等新能源相关产业，整体保持了高速增长态势，在全球市场独树一帜，全面占据市场领导者地位。

然而，在全球人口、经济、能源需求持续增长的前提下，现有的能源转型步伐远无法达成使本世纪地球升温控制在1.5℃以内的目标，更为积极、更大范围地推进新能源发展势在必行。

可再生能源发电

中国新增装机容量领跑全球，2022年贡献143GW。

储能

中国市场仍以抽水蓄能作为主要方式，2022年总装机量达到59.4GW；彭博新能源财经预测，中国将在2030年取代美国成为全球最大的储能市场。

动力电池及锂电池供应链

2022年中国动力电池装机总量达到了291.7GW，同比增长89%。

氢能

中国是全球最大的氢气消费国，随着绿氢成本劣势的消除，埃森哲预测中国2030年绿氢需求规模预期最高可达2229万吨，2060年最高可达1.1亿吨。

秉要执本: 新能源发展的五大趋势

深入理解新能源行业未来的发展趋势、构建新的愿景, 对于确保新能源在成本、可靠性及规模化能力等方面的竞争力尤为重要, 我们总结了未来3至5年将对新能源行业产生深远影响的五大趋势, 以助力加速能源转型。

趋势一: 先进设计

通过应用更为领先的技术、材料及设计原则, 改进新能源生产体系的效率、可靠性及可持续性。如先进设计与数字化, 可以帮助光伏发电产业在2025年节省约27%的电力供应平准化成本, 助力陆上风电企业在2030年实现14%的成本节降。[1]

无叶片风机设计	基于摆动原理的风机设计替代传统叶片式风机, 从而降低环境噪声与鸟类死亡率。
海上漂浮风电	浮基式海上风机的应用使得海上风电厂能够在深水区域运营, 利于进入新的风电资源开发区域同时获得更高的风速。
太空光伏发电	在太空安装太阳能电池板并将能量传回地球, 以获得持续、可再生的能源。
浮动式太阳能发电	将太阳能电池板安装在水域上的浮动平台上, 以帮助不具陆地安装条件的区域能够获得源于太阳能的电力资源。
智能电网整合	通过建模与仿真工具识别出能将可再生能源资源及其他分布式能源资源整合到现有电网的最有效路径。

1. IEA, Digitalization and Energy (2020)。

趋势二：能源物联网

将物联网领域的数字化与通信等创新技术应用到新能源体系中，并实现可再生能源发电、输配送网络的整合与融合。全球能源物联网的规模预计将从2020年的202亿美元提高到2025年的352亿美元，年复合增长率达11.7%。[2]

风机运营优化	通过物联网传感器的部署实时监控风机的绩效，进而优化叶片布局及其他运营因素。
太阳能电池板绩效监控	通过传感器监控太阳能电池板的绩效，确保其实现最大的效率，同时预防各类潜在的问题与风险的发生。
电池储能管理	开发基于物联网技术的储能电池远程监控系统，优化源于可再生能源的存储与充电运营。
需求响应管理	基于能源物联网技术实时监测能源需求变化，进而实现自动化的能源供应与需求匹配。
预测性资产维护	应用传感器等物联网技术进行可再生能源设备设施资产的监控，从而监控潜在的资产运营风险，确保运营的安全可靠性。

趋势三：储能技术

由于目前各类主要可再生能源发电过程的非持续性，导致对长时能源存储设备的需求日益旺盛，而传统的锂电池无法满足该需求，为其他各类替代性可再生能源储存技术的发展带来了机遇。

先进电池	锂硫电池、固态和液流电池等新兴电池技术的出现被视为是扩大可再生能源资源适用性的关键推动性技术。
重力储能	利用过量的可再生能源通过电机或泵将重物或水提升到更高的高度，从而形成潜在的、未来需要时再释放的势能。
压缩空气储能	利用现有的能源将空气压缩后储存在地下洞穴或含水层，未来需要时通过加热空气与释放产生的能量驱动汽轮机发电。
长时储能	应用机械储能、热储能、电化学储能及化学储能等领域的新兴技术更长期地存储能量以实现更大规模、更长周期（如几周）的储能目标。
热能存储	将现有电能转换成热能并存储在水、熔盐或其他介质中以便后续使用的储能方式。

---

2. MarketsandMarkets，Internet of Things (IoT) in Energy Market (2020)。

趋势四: 混合电厂

通过两种及以上的可再生能源发电组合实现单一连接触点的电力供应共享。混合式电厂能够通过最大化现有资源的使用价值,减少对备份能源供应的需求,降低整体能源供应系统的成本,提升可再生能源应用的经济性。

"风能 + 太阳能"混合电厂	风机及太阳能电池板部署在同一地理位置并接入同一个电力网络基础设施,使得二者可以在发电过程中实现互补。
"水力 + 太阳能"混合电厂	水力发电的使用提供了储能的能力,而太阳能发电则在白天提供了稳定的电力,二者组合可以不受天气条件影响提供24小时的电力供应。
"生物质能 + 太阳能"混合电厂	生物质能可以提供稳定的、可调度的能源与热量供应,而太阳能则能在日照时间提供峰值电量供应,废弃生物质或专门培养的生物质可用来减少与粮食作物间的竞争。
"地热 + 生物质能"混合电厂	混合地热蒸汽与生物质技术的电厂可以提供可靠、可持续的电力供应,特别是与区域的热力系统相连接后可以增加整体的能效并且减少碳排放。

趋势五: 全系统可视化

通过对新能源体系中各个环节与要素的实时绩效分析、监控与全过程可视化,从而实现对新能源生产、储存与消费的全面追踪,以及对于各类问题、风险及低效与失效点的跟踪、监控与改进。

分布式能源管理	基于实时的数据分析与监控多源头的能源(风能、太阳能、储能等)的生产与消费情况。
需求预测	借助全面的可视化支持实现对现有电力网络能力从保守预测到现实预测的转变,从而获得对潜在的电力供应需求更好的理解与判断。
智能调度	基于对电力网络需求的实时评估与情境感知及例外处理计划,制定更为科学的调度决策。
系统恢复	利用分布式发电的资源应对电力系统恢复事件的需求。
全系统运营商服务协同	借助主动网络管理等手段,实现电力系统运营商与配电网络运营商间服务的协同,确保电力系统运营商的服务不被配网的自动化系统的调度所抵消。

常勤精进：中国新能源转型八大战略重点

在上述背景下，我们梳理总结了八项将对各个行业特别是传统能源行业产生影响的新能源转型战略重点（见图一）。

图一 新能源转型战略重点

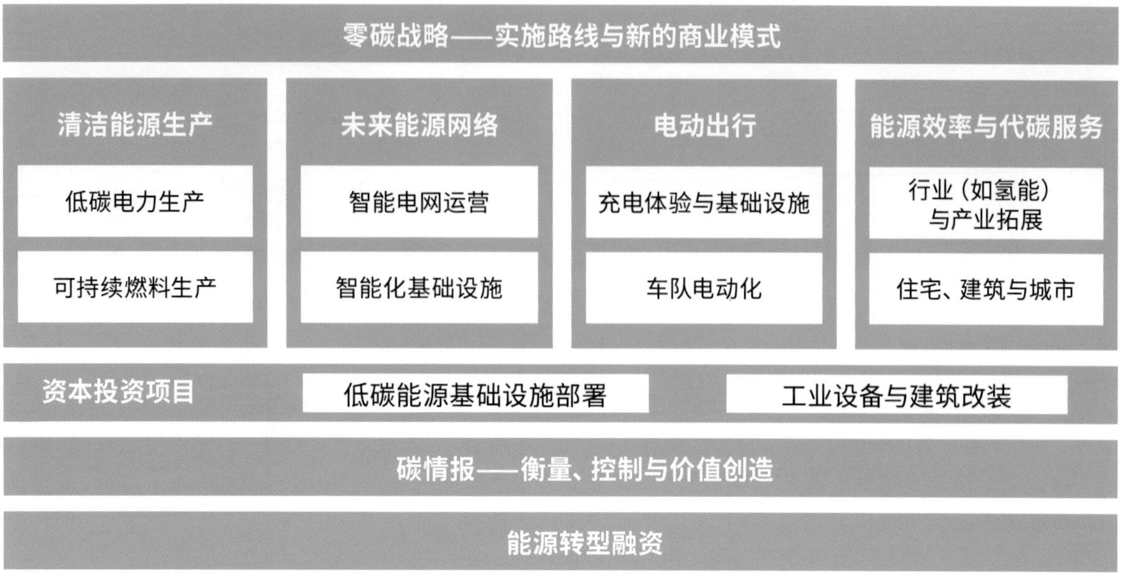

零碳战略——实施路线与新的商业模式			
清洁能源生产	**未来能源网络**	**电动出行**	**能源效率与代碳服务**
低碳电力生产	智能电网运营	充电体验与基础设施	行业（如氢能）与产业拓展
可持续燃料生产	智能化基础设施	车队电动化	住宅、建筑与城市

资本投资项目	低碳能源基础设施部署	工业设备与建筑改装

碳情报——衡量、控制与价值创造

能源转型融资

一、零碳战略

制定符合行业特点的、清晰的能源转型战略和以零碳为核心的价值实现路线图，识别支持能源转型的新业务增长领域，以达到低碳、高回报的未来发展愿景。同时，企业还需要围绕价值创造目标及转型战略与实施路径，构建客制化的配套运营模式，以最经济、高效的方式实现目标。

二、清洁能源生产价值链

开发与拓展各类可再生能源与清洁能源及相关产品生产的业务，如开发风光制氢一体化项目、生产具备可持续性特点的航空燃油等，同时构建与顾客及供应商的创新性伙伴关系，以建立低碳的分销渠道，促进新的消费行为。

案例研究

英国石油公司（bp）的战略是实现从聚焦油气资源生产的国际石油公司到聚焦解决方案交付的国际能源公司的重塑，并且在2030年实现在生物能、便利服务、电动汽车充电、氢能与可再生能源五大"转型增长引擎"业务收入规模90亿~100亿美元的目标。

bp将数字化创新列为实现上述重塑战略的三大差异化手段之一，并且将数字化能力、科技与设计能力整合进"创新与设计"团队，进而采用客户为中心的方法开发数字化产品，并且持续与各个相关技术领域的领导者进行对标与改进。

三、未来能源网络

通过构建智能化电力与气体网络/管道、能源物联网、混合式电厂等，提升对于日益增长的可再生能源与各类其他清洁能源供应需求的响应能力、适应性与平衡水平。

四、电动出行

加速对电动汽车的接受度，提升司机及车队运营管理者对于充电基础设施与驾乘的体验，如公司物流与运输车队实现整体的汽车电动化。

五、能源效率与低碳服务

开发与拓展需求侧碳减排解决方案、能源效率提升项目，如在大型商业与办公楼宇、车间等实施电力需求响应项目、构建基于人工智能的能耗优化解决方案、实现可再生能源发电资产运营的可视化与优化。

六、资本投资项目

制订详尽的能源转型执行计划，以提供高价值、低碳的业务与服务，并借助内部扩张、合资合作、兼并收购等方式进入新能源领域，同时加大有助于减少公司碳足迹的大型资本投资项目的投资（如钢铁企业通过对生产装置的改造实现从天然气到电力能源的转变）。

七、碳情报

构建有效提供碳情报的机制，贯穿行业价值链各环节、公司及资产的层面，系统性地监控、跟踪、报告贯穿各项业务组合的碳排放水平，最终提升碳排放的可视化、控制与货币化能力（如在城市燃气企业实施甲烷泄漏控制的新解决方案）。

案例研究

远景科技集团秉持以绿色能源和数字科技推动零碳转型的理念，在全球60多个运营工厂、研发中心和办公室部署了业界领先的"方舟"碳管理系统，落实全集团从核算、减排、抵消到认证的全流程、端到端的碳管理，助力远景实现2022年全球运营碳中和。截至2022年底，远景全球运营层面的绿电使用比例已经达到94%，并将在2025年前实现100%可再生电力消费。

2023年6月11日远景发布《零碳行动报告》，宣布实现全球运营碳中和，兑现"2022年实现运营碳中和"的承诺，成为全球最早实现运营碳中和的绿色科技企业之一，以实际行动回应全球零碳挑战。

八、能源转型融资

建立新的融资机制以加速能源转型（如建立新的可持续投资基金等），进而更多探索对于先进设计与储能等技术（如无叶片风机、水上漂浮式风电与太阳能发电等）的投资，在孵化能源转型创新关键技术的同时，为投资者获得更高的回报。

以油气、发电等传统能源行业为例，全球范围内能源供应正从传统油气转向绿色、清洁、可再生的能源，能源消费的方式也正在发生转变（如共享经济、智能电网），这些都将导致传统能源的总消费量下滑，企业面临盈利与增长的压力，也亟待规划与实施能源转型的路线图（见图二）。

图二 传统能源企业转型路径建议

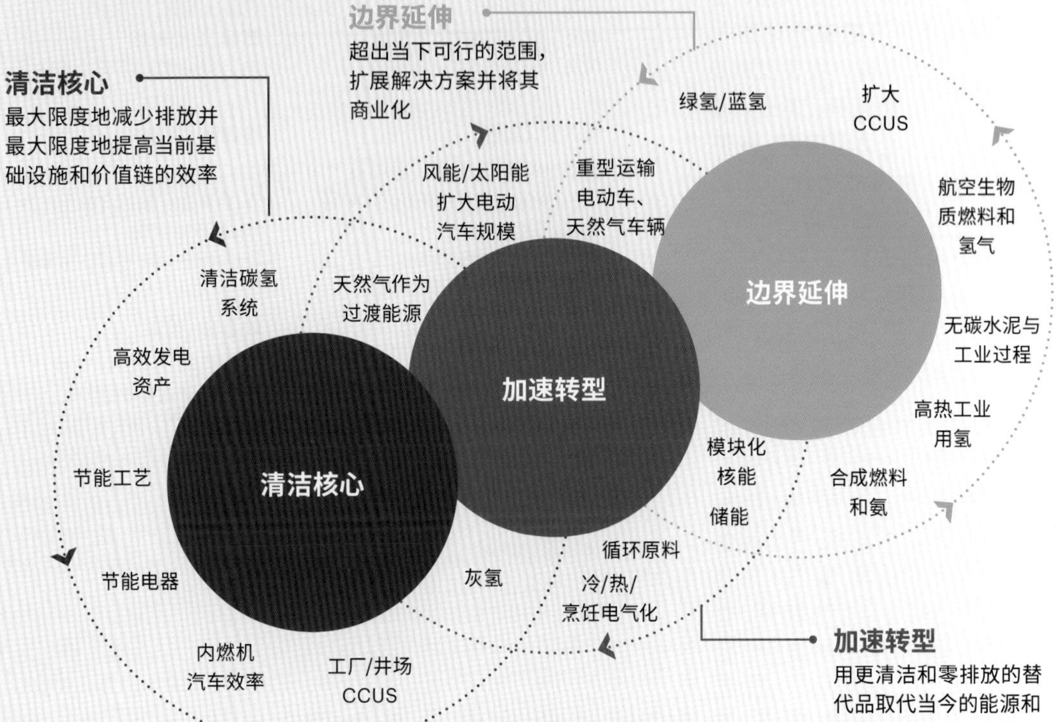
边界延伸
超出当下可行的范围，扩展解决方案并将其商业化
清洁核心
最大限度地减少排放并最大限度地提高当前基础设施和价值链的效率
加速转型
用更清洁和零排放的替代品取代当今的能源和消费方式
清洁核心
加速转型
边界延伸
绿氢/蓝氢
扩大CCUS
航空生物质燃料和氢气
无碳水泥与工业过程
高热工业用氢
合成燃料和氨
风能/太阳能
扩大电动汽车规模
重型运输电动车、天然气车辆
天然气作为过渡能源
清洁碳氢系统
高效发电资产
节能工艺
节能电器
内燃机汽车效率
工厂/井场CCUS
灰氢
模块化核能
储能
循环原料
冷/热/烹饪电气化

值得特别强调的是，包括物联网、云平台、人工智能等在内的一体化运营、数字化基础设施、下一代新兴数字化技术的广泛应用，以及风电、光伏、氢能等新能源领域相关专业人才的培养与储备，是确保上述战略得以实施的关键前提。

气候危机已来，带来的风险是现实而确定的，各行各业需要清醒地认识到，能源低碳转型已箭在弦上，越早开足马力出发的企业，越有可能从这场变局中崭露头角。

赵晋荣
埃森哲大中华区战略与咨询事业部董事总经理
业务垂询：contactus@accenture.com

关于埃森哲

埃森哲注册于爱尔兰，是一家全球领先的专业服务公司，致力于帮助全球领先企业、政府和各界组织构建数字核心、优化运营成本、加速营收增长并提升社会服务水平，实现快速且规模化的价值创造。埃森哲是《财富》世界500强企业之一，目前拥有74.2万名员工，服务于120多个国家的客户。我们以卓越人才和创新引领为核心，引领全球技术变革。凭借在云、数据和人工智能方面深厚的行业经验、独特的专业技能、强大的生态协作网络以及翘楚全球的一体化交付中心，我们为客户提供战略&咨询、技术服务、智能运营、工业X和Accenture Song等全方位服务。基于卓越的服务能力、共享成功的企业文化，以及创造360°价值的承诺，我们帮助客户实现企业全面重塑，并建立长久互信的合作关系。同时，埃森哲以360°价值衡量自身，为客户、员工、股东、合作伙伴和整个社会创造美好未来。

埃森哲在中国市场开展业务37年，拥有一支约1.6万人的员工队伍，分布于北京、上海、大连、成都、广州、深圳、杭州、香港和台北等多个城市。作为可信赖的数字化转型卓越伙伴，我们不断创新、积极参与商业和技术生态建设，致力于帮助中国的企业和组织把握数字化机遇，通过战略制定、流程优化、技术赋能，实现高质量发展。

详细信息，敬请访问埃森哲公司主页 accenture.cn。

以下是埃森哲在华主要办公室的联系方式：

埃森哲（上海）
上海市黄浦区淮海中路381号
中环广场30层
邮编：200020
电话：86 21 2305 3333

埃森哲（大连）
大连市甘井子区黄浦路953号
27-29号楼
邮编：116085
电话：86 411 6214 8888
传真：86 411 6214 8800

埃森哲（成都）
成都市高新区天府大道中段
1366号天府软件园E5，9-10层
邮编：610041
电话：86 28 6555 5000
传真：86 28 6555 5288

埃森哲（杭州）
杭州市滨江区西兴街道阡陌路
459号B楼1302-1303室
邮编：310051
电话：86 571 2883 4534

埃森哲（台北）
台北市敦化南路二段207号16楼
电话：886 2 8722 0151
传真：886 2 8722 0099

埃森哲（北京）
北京市朝阳区东三环中路1号
环球金融中心西楼21层1-7&16单元
邮编：100020
电话：86 10 8595 8700
传真：86 10 6563 0739

埃森哲（广州）
广州市天河区天河北路898号
信源大厦8、13层
邮编：510898
电话：86 20 3818 3333

埃森哲（深圳）
深圳市福田区深南中路3031号
汉国中心21层103单元
邮编：518033
电话：86 755 8270 5268

埃森哲（香港）
香港鰂魚涌華蘭路18號
太古坊港島東中心2楼
电话：852 2249 2388
传真：852 2850 8956